U0063809
香港遊玩攻略88
流浪攝。

自序

雖然已累積了一些寫作經驗，但今次成書所付出的精神絕對比從前艱辛，要從手上海量的相片庫挑選，也要魂遊腦海到過的地方，有條不紊地編輯成書，地點多達88個，更要以不同主題分類章節，實在倍感吃力。初時由於一直未想到編寫角度，進度停滯不前，甚至想過放棄，荒廢了不少寶貴光陰，最後只剩不到兩個月時間，要由無變有，沮喪程度可想而知，正當我們乏力無助之際，突然收到一個令人振奮的消息，《香港攝1圈》和《香港攝2圈》在400本著作中，有幸獲得香港出版雙年獎的「出版獎」之一，我們歡喜若狂之餘，更推動我們努力完成新書工作。在此感謝大會及萬里機構，以及廣大讀者的支持。

本書使用郊遊玩樂為主題，以不同的地點和景色歸類，內容涵蓋星空、雲海、日出、日落、航拍、水塘、瀑布、花卉、海灣、攝影、親子和大氣現象等等，期望藉著輕鬆手法帶你穿梭香港，鼓勵大家多到戶外探索，享受好玩有趣的遊樂地方。

本書能夠順利出版，全賴讀者長期支持和鼓勵，亦感謝萬里機構的協調和幫助，特別多謝幾位百忙抽空撰寫序言嘉賓：黃婉曼小姐、尹競生先生和Eddie Tsoi先生。還要感謝一直提供優質器材的合作伙伴：Nikon、Manfrotto、Gitzo、GoPro、Columbia Sports Wear和創動樂等。

流浪攝未來步伐不會停下，繼續不斷探索香港，做好攝影教學的工作，以及辦好手上幾個外國攝影團，還要為2018年的大型相展作充份預備，一切雖然忙碌，但能夠做喜歡的事，再辛苦也值得。

聯C兄@流浪攝。

2017.06.28

黃婉曼
RISE麵包教室創辦人及專欄作家

序1

我喜歡攝影，但不專業。所以，我很仰慕那些真正懂攝影的人；同時，很抱歉地，遇上那些不講究影相質素的人，便會有莫名的煩躁。

怎樣算不講究？談不上景深，無所謂構圖，連背景是否雜亂、準確對焦與否也視若無睹，顏色太灰或爆了光一樣無動於衷，隨手一按，但求有樣有物有景在相框中便是了。

令我煩躁的，不關乎技術問題，而是一種尊重美的執著。你若有心要留住最美一刻，便需要耐性、專注和心思。專業器材可以用作輔助，但更重要是用心。

認識流浪攝的露伊，是在我的麵包教室。她充滿熱誠，學過不少高難度的麵包款式，但仍孜孜不倦，來接受法國大師的專業培訓。她說：「要做好一件事，就要專業到底。」她專業到，病完剛出院，也沒有走堂。

站在廚房裡搓麵包，是一件極考驗體力的事；還受每天溫度、濕度，甚至個人力度的不穩定性影響，少一點毅力和耐性都不能，但露伊就是有這種堅持摸索、探究的精神。

這種人格特質也反映在攝影上了，看她和拍檔走遍香港，捕捉瞬間變化的大自然風光，讓你我驚嘆：「這是我們認識中的石屎森林香港嗎？」

日出日落、尋幽探秘，是要經歷多少的崎嶇路程，還有屏息守候，才能用鏡頭為我們留住那一處美好風光，大飽眼福。今次的作品還加入實用的遊玩資訊，貼心至極。

寫這序，正是我懷孕之時。拿著這本攻略，先讓眼睛親近大自然，想像著日後帶著我的小寶貝，不必跳出香港，也可找到野餐或露營的好去處，讓下一代有機會在身心舒暢的風光中成長，也是一種生活美啊。

黃婉曼與露伊在RISE麵包教室

麵包課的製成品

法國烘焙大師
Stephane Reinat

序2、3

尹競生

尼康香港有限公司總經理

開始認識「流浪攝」是透過他們尋幽探秘的精彩作品，再得知原來他們是NIKON擁躉，因而結緣。每次聽他們講述如何攀山涉水，不分晝夜去發掘和拍攝香港那些鮮為人知的隱世郊遊攝影好去處，都令我這個土生土長的香港仔為之汗顏，因爲他們所到過的地方，我去過的實在寥寥可數。

對於我們這班大多數在職場上拚搏，處身石屎森林的上班族來講，「流浪攝」的作品著實能帶給我們遠離城市煩囂的快感，香港原來如此多嬌，能於假日時偷得浮生半日閒，依著「流浪攝」過往幾年辛勤的足跡，帶住相機和家人或三數知己去探索一下同一地點或其周邊，在不同季節或時間，大自然所帶給我們的視覺享受及當中蘊含的正能量，從高遠處眺望煩囂，盡攝其嬌美的一面，領略一下宋代文學家蘇軾《超然臺記》之超然於物外，無往而不樂的境界，對比於我們每天於城中營營役役，俗務纏身，遊之於物之內的頭昏目眩，實在不可同日而語。

這是「流浪攝」的第三本穿梭探索香港郊野的攝影書，之前兩本都是書展十大暢銷書籍，並剛獲選為香港雙年獎的「出版獎」，可喜可賀。香港人平日勤奮忙碌，假日郊遊攝趣，只要有好去處，有明燈引路，確是其樂無窮。影靚景，相機當然是最佳拍檔，手機只是圖個隨身方便，願「流浪攝」不忘初心，繼續為我們開拓無窮攝趣，拍攝更多精彩靚景。

Eddie Tsoi

Manfrotto亞太區市場總監

熱愛風景攝影的人定必有一份氣魄，具備刻苦耐勞的特性。要欲窮千里目，定必要攀山涉水，上山下海，自是刻苦；攝下美景一刻，也得長時間守候，自是耐勞。

若有人跟我說有人為拍攝香港秘境的日出，而每天凌晨開始出門上山，踏破險要路徑，登頂拍攝後再回到市區，洗個澡再上班，我定必會說他：「傻的嗎？」而假若有三個人一起做這等傻事的話，我只有汗顏，而能這樣做的，全港只有一個「三傻組合」——流浪攝。

他們如是者堅持多年，踏破鐵鞋，為的是尋找香江最耀眼的第一道金光。佩服他們的堅毅，欣賞他們發掘香港鮮為人知的勝景，讓港人知道，原來香港不只是一個石屎森林，近在咫尺也有好山好水。

我認識流浪攝多年，他們一直能夠堅持無間拍攝，並不斷搜尋最新的攝影勝地和心得，分享予讀者。

我們品牌Manfrotto、Gitzo和流浪攝合作無間，能成為流浪攝登山拍攝必備的攝影裝備我們深感榮幸。

在此推薦香港遊玩攻略予每位讀者，帶著此書追尋他們的足跡，重新認識另一個香港。

感言

沒有人可以迫任何人完成一本書，唯有自己願意。第三年的第三本書，突破了我們的能力，用了最短時間，一筆一劃地寫了88個地方，在龐大的相庫整理出400多張照片，都有血有肉。希望香港人有更多地方可以遊玩，享受郊野。

早前因為時間不足，差不多放棄了，後來萬里總編誠意邀請我們完成此書，當我們再次發力的時候，我突發進了醫院兩次，進行了心臟手術，這是我有史以來身體最不佳時候的作品。

文字一向是首領聯C兄負責，只有他才有能力，將他腦內的一塊塊地圖化成書本與大家分享，而我的主要責任是整理相片及一切對外聯繫工作，Tony負責對內同學會。轉眼之間，流浪攝已經運作第五個年頭了，我們的工作愈來愈廣，比以前更加繁忙，恆常地到各地方拍攝，每天把相片分享到流浪攝Facebook專頁，完成各單位的邀約合作。除了工作及家庭，所有時間都付予流浪攝各項發展，各有正職的我們，會繼續運用下班時間，努力向前走，堅守我們的初衷，探索香港更多好地方，和大眾共享。

流浪教室每月會如常舉辦攝影及後製班，海外之旅已完成了日本、台灣、韓國、新西蘭和冰島，本月將到台東及年底再到新西蘭，明年會有更新嘗試，期望帶大家背著相機環遊各地。

我們連日與電腦共餐，今天終於完成了這書，希望你看到的，是我們曾經踏足過的地方，曾經拍過這些美麗照片，用簡單的心去享受，這些屬於我們的郊遊玩樂好去處。

由衷感謝支持我們的……你！

露伊@流浪攝。

2017.07.05

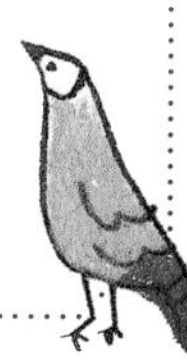

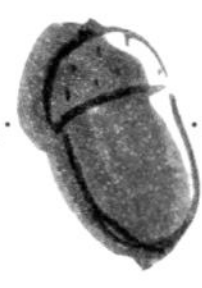

攝影展覽：

曾舉辦多次大型相展：尖沙咀文化中心、銅鑼灣中央圖書館、九龍灣國際展貿中心和紅磡理工大學。也曾主持分享會逾60場，倡導遊歷香港和山野攝影。

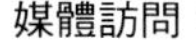

媒體訪問：

活躍於不同媒體平台，曾接受訪問報導接近100次，包括無線電視、有線電視、鳳凰衛視、香港電台、商業電台、新城電台及及各大紙媒和網媒。

機構合作：

跟不同政府機構和私營單位合作，推動環境保育、天氣觀測、攝影郊遊和正面教育，包括天文台、郵政局、漁護署、觀鳥會、昂坪360、可觀自然教育中心、大專院校、誠毒中心和社福機構等。

攝影旅遊：

成立了攝影教室，辦過本地攝影課程超過80班，也主辦國外攝影之旅，到過冰島、紐西蘭、日本、韓國和台灣等。

目錄

第一章

8個美麗的水塘

香港大部份水塘都依傍郊野公園而建，湖塘環境美麗，水源孕育生命，昆蟲、飛鳥、魚類和植物都靠賴它生存，路況平易近人的水塘也是我們消閒遊樂的好地方。

假日親子遊

香港仔水塘

遊玩資訊

交通：綠色小巴 4A, 4B,4C
難度：★★
景觀：★★★★
電子地圖：https://ridewithgps.com/routes/21970316

香港仔水塘建於香港仔郊野公園之內，分成上水塘和下水塘，兩者都建在深邃山谷之內，群峰環峙，水源充沛，有多條山徑穿梭其中，是相當熱門的郊遊路線。

難得一見的放洪

郊遊設施樣樣齊

水塘入口是個綠意盎然的林徑，附近多達6個燒烤區，找位應該不太困難，也有適合小朋友的兒童研習徑，可以認識樹木和昆蟲，再往前走是公園遊客中心、小食亭和大草地。區內樹種相當豐富，有很多大頭茶和錫葉藤，也有常見的楓香樹和木綿樹。這樣景色怡人的環境是不少環保活動的舉行地點。

下水塘全景

堤壩小路

青青草地

小朋友愛撲蝶

側光下的蜘蛛網

蝴蝶與小花

縱橫交錯行山徑

水塘範圍山徑縱橫，包括健身徑、輪椅徑、港島徑和自然教育徑等，大多是綠蔭步道，夏日走來也不覺辛苦，如要從高而看水塘全景，需穿過密林登臨班納山頂，雖路不長，但有點吃力，前行者要加倍留意。

學多一點

私人水塘變公家

水塘早建於1890年，是一所紙品廠的私家地方，後來被政府買下及增建容量，以供應港島西區市民食用，於1931年正式開幕。

法定古蹟多

上下水塘共有多項古老建築，被古物古蹟辦事處評為法定古蹟，包括水壩、石橋和水制房等。

公園之最

原來香港仔郊野公園， 在40年前是政府最早開發的郊野公園，而當中較好走的路徑是金夫人馳馬徑，即港督金文泰夫人當年騎馬路線之一，現已成為練跑的熱門路徑 。

最佳單車路線

船灣淡水湖

遊玩資訊

交通：巴士 75K
難度：★★★
景觀：★★★★
電子地圖：https://ridewithgps.com/routes/21970351

全球第一個在海中建造的水塘就是船灣淡水湖，也是全港面積最大的水塘，由大美督起步，經主壩到副壩盡頭，足有 4 公里長，是一條十分安全及景色優美的路徑，適合一家大小享受單車樂。

眾樂樂 大美督

　　大美督從來是吃喝玩樂的好地方，巴士總站旁有多間特色餐廳，也有兩個大型燒烤場，假日士多供應全套燒烤美食，甚至有小船租賃，你可在平靜的船灣海暢遊，很多人喜歡在石灘玩水和挖蜆，附近有條輕鬆易走的家樂徑，可以俯瞰水塘主壩。

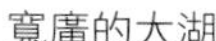

寬廣的大湖

海濱日落

小船與海

單車樂園

盡頭副壩風景好

湖畔長滿青苔

綿長主壩賞湖景

吃喝過後可租用單車，一家人的可選四輪家庭車，在悠長的水壩上消遙慢騎，從起步點直升機坪到達壩尾，沿途涼風送爽，右有寬廣的內海，假期多見風帆起動，左有碧綠如鏡的淡水湖，風平浪靜的日子，可以看到青山翠嶺的倒影，使人感覺有如身在外地。意猶未盡的話可繼續前行，直到人煙稀少的副壩，面臨赤門海峽美景，感覺更為恬靜閒適。

淡水湖有珍珠？

早在宋朝，漁民已在附近海灣養殖珍珠，由於水質優良，珍珠碩大質優，曾被譽為媚珠都。數年前也有人在老虎笏重操故業，現在的淡水湖變成一個天然大魚塘。

學多一點

天馬行空

1960年代食水短缺，有水務官大膽構思，把船灣數個小島用水壩相連，再把海水抽出換成淡水，建成龐大的食水庫，是當年史無前例和全球矚目的工程項目。

香港亞特蘭提斯

淡水湖前身是多條漁村，因建造水塘已被遷往大埔其他地方，湖底堆藏了大量舊物，包括柱樑、台階石磨和瓦片等，這些遺蹟是資深行山隊的探索對象。

美麗的蝴蝶

漁護署白屋

壩下流水淙淙

寧靜的國度
十塱水塘

十塱水塘在大嶼山芝麻灣半島，位置極為偏僻，除了一條郊遊小徑外，基本上沒有任何人造設施，造就出沒有干擾的環境，培育出多樣性的自然生態。

遊玩資訊

交通：大嶼山巴士 3M 號
難度：★★★
景觀：★★★
電子地圖：https://ridewithgps.com/routes/21970382

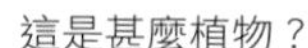

這是甚麼植物？

如鏡的翠湖

世外海灣 外國風情

沿芝麻灣道走到十塱涌口，除了零星村屋外，只見水源匯成的溪澗，流到水清沙幼的芝麻灣海灘，偶有外國人在水上活動，也有人在灘上野餐和拾貝殼，想看看當地人生活可到灣尾村公所和新村，那裡還有幾條傳統龍船擺放著呢！

十塱村河口

走進深谷 只有回音

穿過戒毒所和宿舍，愈往山谷前進，愈是僻靜無人。漸漸聽到淙淙水聲，面前有道麻石水壩，把老人山的水量集成湖塘，三面山林如天然屏障，山谷回音蕩漾，滿眼全是鬱鬱蔥蔥，外面世界全看不見，無風無浪使湖面平靜，樹木光影對稱地印在湖上，如此美景值得環湖走一圈。

學多一點

水塘也轉型

十塱水塘又叫芝麻灣水塘，自50年代已供水給長洲、坪洲和喜靈洲居民，但後來全港供水網絡發達，十塱水塘變成灌溉用水塘，實際上是淡水魚弓背青鱂的繁殖塘。

為甚麼湖水是藍綠色？

晴天的日子，因為陽光穿過水面，大部份紅光被吸收，對波長短的藍光散射較多，加上湖底多植物或水藻，所以湖水多是藍綠色。

老人山何來老人？

芝麻灣半島最高的山是老人山，有郊遊徑可達，很多人都好奇名字由來，原來從長沙那邊看過去，隱約見到一張老人的臉龐朝天，裸露的石崖似是他的額頭。

群峰抱湖

清幽脫俗

古洞水塘

自 2003 年沙士病毒後，香港人多了出外遊走，路況平易近人的古洞成為行山熱點，而麒麟山山內的古洞水塘，更是必到景點之一。

遊玩資訊

交通：九巴 76K 號
難度：★
景觀：★★★★
電子地圖：https://ridewithgps.com/routes/21970436

山的倒影

小小山頭

樹影婆娑

小昆蟲

生態樂園 物種多樣

古洞南路是進入水塘最佳路線，樹林下轉入堤壩，即見波瀾不驚的水塘，此處最特別是四周山丘不高，但緊緊相連，陸上有山，水中也有山，好像一幅山水畫。常見飛鳥盤繞湖面，也有蝴蝶飛舞花間，水清見底也可看見大魚，難怪有不少釣魚客常到此處。

青蔥麒麟山

池塘水源來自背後的麒麟山，山脈重重疊疊，彼此交纏，山嶺矮小但路徑錯綜複雜，幸好樹木不高，不難辨認方向，路上有廢棄石屋和泥坑，應是舊時的軍用設施。麒麟山頂雖然崎嶇，但風景不凡，可遠看西部魚塘和深圳高樓大廈，是個看日落的精彩景觀。

學多一點

山火水池

古洞水塘是農地灌溉池，農業式微後變成山火取水池，也是生態價值豐富的地方。

土名別稱

水塘上的每個小山都有特別名稱，都是古舊的土名，如獅子嶺和東心嶺，現在已幾乎沒人認識了。

鬼話連篇

大概因為曾有人投湖和意外身亡，古洞鬼故事特別多，但多是人云亦云，沒甚根據，所以還是專心探遊，不用多想。

昆蟲世界

千島之湖
大欖涌水塘

大欖涌水塘和郊野公園結合，四方八面都是景色怡人的綠化帶，水塘建成於 50 年代尾，是二戰後首個完成的水塘，塘內有多個小丘四散如海中小島，所以人稱為香港千島湖。

遊玩資訊

交通：九巴 52X 或 53 號
難度：★★★★
景觀：★★★★★
電子地圖：https://ridewithgps.com/routes/21970499

環湖一圈不容易

水塘佔地很廣，有良好的郊遊徑圍繞，一般遊人從懲教所起步，經過野餐點和大草地，走到主壩就會折返，那裡亦是風景最美的範圍，如有力氣可改行西面路徑接元荃古道，遊覽七渡橋等名勝古蹟。水塘除了一道主壩，還有三條小壩，均以麻石建成，都是風景不錯的地方。

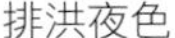

排洪夜色

高處看湖景

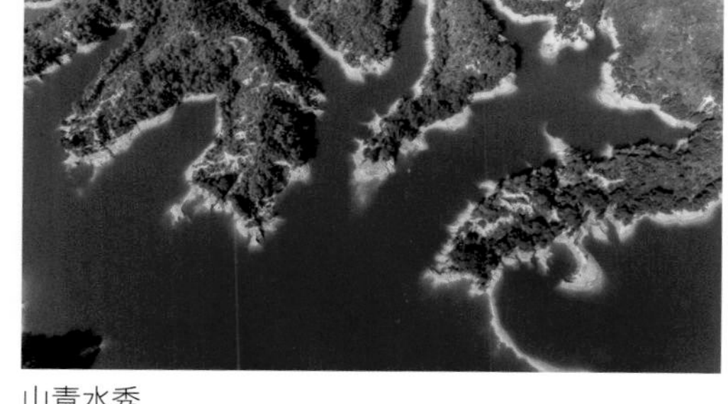
山青水秀

釣魚樂

近看湖水

哪裡看湖最美？

經掃管笏新村駁舊麥徑十段引水道，留意有隱蔽小路登山，路徑不太明顯，而且相當傾斜，加上沙石沖溝不容易走。約半小時來到開揚處，有幾顆大石擋路，最適合當作觀景台，可以鳥瞰整個水塘。千島湖實至名歸，一個個小島浮在水面，碧綠湖水波光粼粼，對面橫陳的山峰稱桃坑峒，旁邊是懲教所和青山公路海景，這樣開闊的景致很適合看日出呢。

鳥瞰水塘

學多一點

水力發電

大欖涌水塘不只是個大型集水池，也是第一個水力發電的濾水廠。水塘附近本是土壤貧瘠的地帶，因此早年已被政府大量植林，形成現在的模樣。

不登山 看湖景

航拍是現在流行的玩法，找個開揚且不受干擾的地方，把無人機升到空中，可把水塘全貌拍下，感覺極為震撼。

水塘何時排洪？

水務署不會正式公布時間表，但一般是夏天雨季、水塘滿載的時候。過了懲教所有小路可達壩下，唯前行者必須注意安全。

世界級石景

萬宜水庫

萬宜水庫是全港最大的食水庫，也是著名的觀星地，早被納入在西貢郊野公園之內，又是麥理浩徑首段，然而六角石柱才是它最引人入勝之處。

遊玩資訊

交通：的士
難度：★★★
景觀：★★★★★
電子地圖：https://ridewithgps.com/routes/21970530

日出時份

東西二壩 震懾人心

從北潭涌陡步至東西兩壩路途頗遠，但沿路可盡覽湖光山色的美態，不想辛苦的可乘的士直達第一景點西壩，龐大的水務設施是一大特色，有堤壩和水塔等，壩下是觀星熱點天文公園，每逢晴天日子總會聚集觀星愛好者。

名勝曲柱直崖

六角石陣 世界景觀

從西壩續走到東壩，景色有過之而無不及，第一眼看到的是大型防波堤構件，巨型水壩將水塘和大海分開，遠望是無敵大海景，其中一島被劈開兩半的，就是著名的破邊洲。沿馬路走到壩下，沿路崖壁處處，雄偉壯觀程度令人震驚，最特別的可說是一幅名為曲柱直崖的石坡。

晨曦景色

學多一點

六角柱是怎樣煉成的？

火山強烈爆發後形成巨大凹陷，填滿厚厚火山灰和熔岩，節理在冷卻時在表面形成，並向下垂直，正在冷卻的岩石向中心部分及向下垂直收縮，形成六角形岩柱。

地質公園

勇闖天然洞穴

東壩下有一奇趣山洞官門洞，是建壩前被海浪侵蝕的結果，巨型和漆黑的石洞有蝙蝠聚居，近年政府增設木橋和導賞，更有假日西貢專車安排，方便遊人考察。

大牛與小牛

牛從哪裡來？

西貢牛群源於村民棄耕，令牠們四散流浪，常見於北潭涌、東壩、十四鄉和天文公園，漁護署會在牛耳上釘上標記，以絕育和遷移方式管理。

觀音山看石壁

草地日光浴

遊玩資訊

交通：新大嶼山巴士 11 或 23 號
難度：★★
景觀：★★★
電子地圖：https://ridewithgps.com/routes/21970575

大嶼山之寶
石壁水塘

如果你到過鳳凰山或狗牙嶺，總會發現西面山腳有一水塘如碧玉翠綠，座落在眾山峽谷之內。

青山翠嶺 綠意盎然

這個風景如畫的水塘遠離煩囂，三面環山，周遭栽滿青翠樹木，馬路旁可以近距離看到溢洪口和豎井塔，南面主壩連接嶼南路和羌山道，山坡披上了大幅青青草皮，牛群最愛安躺在這片樂土，盡顯安逸寫意之情。

位置優越 美景醉人

水塘周邊是多條廣受歡迎的行山路線，如鳳凰徑、羌山郊遊徑和石壁郊遊徑，水塘亦是多條石澗的終點，是喜愛溯澗尋幽者的天堂。如要欣賞這個翠綠大湖的全貌，可以從狗牙嶺、大風坳或木魚山遠眺，又可走到羌山和膝頭哥山俯瞰，一樣意態迷人，陽光照射到平靜湖面，更見她的清麗脱俗，微風偶爾輕拂漣漪，同樣楚楚動人。

巨大的堤壩

學多一點

港島人飲水來自大嶼山？

六十年代曾經是全港最大的水庫，接收雨水量達全港12%，不只供應大嶼山居民食用，更有輸水管連接港島、長洲、坪洲和喜靈洲，是一個極為重要的供水來源。

大嶼山巴士

三千年石刻？

走到壩下不遠處，安置了一塊青銅器時代的雕刻，據説是三千年前的刻鑿，深具歷史價值。

再生能源

水塘近來試行安裝浮水太陽能發電板，可以產電給數十戶使用一年，是仿效日本的設計。

歷史石刻

漁村風貌**大生圍**

大生圍不是食用水塘，而是香港式微養魚業的淡水養殖場，雖然很多池塘已轉型或荒廢，但仍有為數不少的在運作中，如甩洲、米埔、大生圍及蠔殼圍等。

交通：綠色小巴 36 號
難度：★★
景觀：★★★★
電子地圖：https://ridewithgps.com/routes/21970674

鄉村風情 生活悠然

看魚塘風景的好處是不用登山，一下車走一小段路就能到達，好像大生圍魚塘，只要在村公所下車，附近已有多個魚塘，你需要穿過一列村屋，公公婆婆都在門前乘涼，面目慈祥可親，環境全都是簡樸的鄉村風貌，屋後就是池塘集中地，有些野草叢生，有些打理良好，一個一個如蜂巢般緊接，由於元朗地勢平順，沒有大山或高樓，很容易便找到廣闊的景色。

漁鄉人家

陽光普照

日落黃昏

一步一景

沒有城市的發展，魚塘可說是雀鳥和昆蟲的樂土，蜻蜓、蝴蝶、甲蟲和候鳥統統可找到，晚上更可能有螢火蟲出現。在魚塘看晚霞也是相當適合，平靜湖面倒映天上雲彩，配合水上樸素的棚屋，基圍上樹影婆娑，或是停泊著的小木船，都是充滿鄉村氣息的畫面。

星月拱照魚塘

學多一點

遊人注意事項：
漁塘荒田是私人地方，地主有權拒絕進入，產生的垃圾務必取帶走，不污染任何地方，也要保持安靜，以免影響村民，水塘邊緣泥土鬆散，慎防掉進水中，遊人亦應做足防曬防蚊功夫。

寬闊的田基

新鮮脆肉鯇
香港魚塘主要養殖烏頭、鯉魚、龍躉和福壽魚，還有火鍋必吃美食脆肉鯇。

航拍魚塘
從高空看魚塘像個調色盤，景色更為有趣和遠大，所以安全地使用無人機拍魚塘可帶出不一樣角度。

第二章
8個看到
美麗植物的地方

香港屬於亞熱帶氣候，潮濕環境有利植物生長，在不同地方和季節也有不同的花卉觀賞，有時甚至一個小小的湖塘，都能長出奪目耀眼的花草，抱著探索的精神，加上坐言起行的態度，你也可以尋找獨特的本土美景。

花朵如鳳眼

失落的天堂花園
古洞雨久花

上水河上鄉是很有鄉土氣息的地方，到處都是平房樓閣和農地，其中古洞和塱原一帶有著很多水田和魚塘，依傍梧桐河和雙魚河，水源充足豐富，利於耕作。

遊玩資訊

交通：綠色小巴 51K 號
難度：★★
景觀：★★★★
電子地圖：https://ridewithgps.com/routes/22116404

綠草如茵的荒田

從河上鄉路盡頭轉入梧桐河邊，來到一個叫菴邊的地方，數間簡陋小屋建於其中，四周草木茂盛，更有一片翠綠的草被，有時也會看到牛群在吃草，如踏單車的話，可在草地上休息或野餐，消磨一個優閒的下午。

大石磨下的花海

廢塘變花園

荒廢魚塘變天堂

再往前行有幾個毗連的池塘，但綠色的浮萍幾乎佔滿整個湖面，在合適的日子，植物會長出醉人紫花，密密麻麻地蓋著魚塘，原來那是雨久花科植物鳳眼藍，這樣美麗的環境，在香港除了北區和元朗一帶，實在難得一見。另請注意地點接近民居，減低聲浪，留意野犬，小心避免跌入魚塘。

雀鳥天堂

學多一點

豬乸菜

鳳眼藍又叫豬乸菜，因鄉下人經常拿來餵豬。鳳眼藍莖部約長一尺，而且中空有助浮水，花的外形像風信子，小花疊疊滿佈，花瓣有藍色斑點，好像鳳眼和孔雀羽毛，美麗的花朵一年只開兩次，約在5月至6月和9月至10月，短促的花期令人只靠運氣才能遇上。

密佈不見湖

本土豆品廠

魚塘附近有鴻淘士多，供應自家製豆花、豆漿和糕點等美食，用便宜價錢便可享用，美景配美食，一流享受。

寺廟林立

河上鄉村有幾座古色古香、歷史悠久的古寺，分別是：仙慧庵、排峰古廟、洪聖古廟和居石侯公祠。

迷人吊鐘花

紅花滿山徑紫羅蘭山吊鐘花

每逢農曆新年前後，香港不少山頭都會添上一片櫻桃紅色，那就是惹人憐愛的吊鐘花，她外形和色澤十分別緻，一串串小鐘掛滿枝頭，視覺上非常吸引。

遠望眾山

遊玩資訊

交通：城巴 6 或 41A 號
難度：★★★★
景觀：★★★★
電子地圖：https://ridewithgps.com/routes/22116425

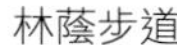

林蔭步道

手機也能拍

別緻花形

如何找吊鐘？

曾經走過不少地方，都發現過吊鐘花的蹤影，例如八仙嶺、馬鞍山和大枕蓋，而其中較便利的地方就是港島的紫羅蘭山。名字優雅的紫羅蘭山，古稱高峒山，雖有約四百三十米，但因起步點已近三百米，加上是衛奕信徑和大潭郊遊徑的路段，路況清晰易認，走起來不太辛苦。

離城不遠

美景就在身邊

沿大潭水塘道轉入郊遊徑，拾級而上是林蔭蔽日的樹木和竹林，你不會察覺道旁兩邊已有多棵吊鐘花，只是她長得較高，或是未曾開花，跟普通植物無異。續走往山頂標柱方向，沿途已有多株盛開的小風鈴，足夠讓人拍個夠。一場來到山上，不要只低頭尋找花蹤，放眼四周群峰起伏，幽徑蜿蜒優美，山下高樓爭競，腳下大潭水塘平湖若鏡，都令人賞心悅目。前行者注意大潭郊遊徑的初段開揚和傾斜，敬請帶備足夠飲品，也要做足防曬功夫。

學多一點

受政府保護花卉

吊鐘別稱鈴兒花或燈籠花，是杜鵑花科植物，花期為1月至3月，原生於香港和中國華南等地，受香港林務條例所保護，絕不能採摘和售賣。

狀元花

聽聞清朝的人已經把吊鐘花當作年花擺放，寓意高中狀元，所以吊鐘英文名字叫 Chinese New Year Flower，不過後來的人又認為「吊終」不好意頭，真是各有各說法。

香港有蜂鳥？

其實吊鐘花蜜是蜂鳥的主要食糧之一，所以有人以為香港都可拍到有趣的蜂鳥，但其實牠只生長在美洲和加拿大等地方，而香港所見的迷你雀鳥多是太陽鳥。

消失大草原
坪洋白茅草

近年打鼓嶺和坪洋一帶多了人認識，原因是新界東北發展的爭論，很多人擔心發展後的鄉土景色會不復存在，所以趁有機會還是趕快去看看這片絕無僅有的大草原。

遊玩資訊

交通：綠色小巴 52K 號
難度：★
景觀：★★★★★
電子地圖：https://ridewithgps.com/routes/22116476

柔和的光源

層層遞進

攝影師與白茅

發展前的農村風貌

來到坪洋你會驚訝這麼多人居住，到處都是新式平房和一些殘舊瓦頂屋，也有典雅的三鄉亭和陳氏宗祠，村內寧靜簡約，村民友善可親，那份人情味道，在香港已經十分罕有。

荒田無人耕

遠離村屋向農地走去，會經過避雨亭和墳地，頭上樹木參天，滿目林蔭蔽日，應該是護村的風水林。旁邊有著一大片野草叢生的田地，長滿高至胸口的白茅，在合適的季節更會開出如禾穗的花枝，鋪天蓋地把整個盤地都填滿，足有數個足球場的大小。

看日落才是戲肉

白茅的小花有點像蒲公英，被風一吹就飄到遠處，斜陽一照又會發出閃閃金光，所以務必等到日落時份，欣賞這片蔚為奇觀的場景：縱橫交錯的阡陌上，白茅隨風搖曳，有如海上波浪翻騰起伏，同時天空雲彩染成嫣紅，此情景境教人畢生難忘，甚至忘記身在香港。另請留心草原位置接近居民，敬請保持安靜，保持公德，留意紅火蟻巢，免被螫傷。

黃金海浪

夕陽戀人

近看如禾穗

茅草佔領荒田

學多一點

白茅草是甚麼？

是芒草？ 是蘆葦？ 其實就是竹篨茅根精的茅根，味道甘甜可口，但農夫卻很討厭它，因為快速的生長速度搶去農作物的養份，而且很難清除，實為十大惡草之一，一般三至六月開花。

美照如何拍？

想拍得靚相必須留意光源，夕陽逆光下的白茅最動人，最有電影感，建議用相機手動模式，開大光圈，過曝一點，色温調黃一些，會有很好效果。

危險之火

紅火蟻外形雖細小，但極具攻擊性，受騷擾會迅速反擊，連續地螫刺或叮咬入侵者，傷口會痕癢灼痛，嚴重過敏者甚至死亡。

石頭也會響

坪洋村東面的三鄉亭前，有樓梯可直達一塊外表平平無奇的大石，但如果受擊打，就會發出咚咚聲響，相當特別。

翠葉紅花鹿頸鳳凰木

每年夏天的香港，無論在城市街道，或是跑到郊外，滿眼盡是一片火紅的鳳凰木，配合豐盛翠綠的葉子，更顯花的艷麗。

交通：綠色小巴 56K 號
難度：★
景觀：★★★
電子地圖：https://ridewithgps.com/routes/22116499

鄉村風情畫

鹿頸的黃屋和陳屋是百年村落，有魚塘和荒田，現成為假日釣魚場，村前的紅樹林濕地生態豐富，彈塗魚和招潮蟹是常客，在合適季節也能看到一大片蘆葦盛放，再往前走看到很殘破的客家村屋，已被生長蓬勃的植物圍繞，有點像沙羅洞舊村，都是昔日鄉郊的風貌。

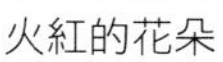

火紅的花朵

鮮艷火鳳凰

新娘潭路有很多鳳凰木，近雞谷樹下的路旁較集中，纍纍紅花聚滿枝頭，垂頭又見落花鋪滿地上，好像紅色的地毯，不太高大的樹幹有利觀賞，濃密的葉子如天然太陽傘，烈日下也倍覺涼快。雖然村路車輛不多，遊人仍需注意交通安全。

學多一點

別稱

鳳凰木的名稱實在太多：影樹、金鳳、火鳳凰、火樹、火焰樹、森之炎等。

影樹下騎車

山水豆腐花

鹿頸路轉角處有兩間士多，專賣山水豆腐花和各種美食，消暑涼茶和葱味鹽焗雞也不可錯過。

花冠特寫

看花又看鳥

離開士多不遠的馬路旁邊，是賞鳥愛好者的勝地，對面的鴉洲是鷺鳥繁殖地，有趣的是，整個小島有數百個鳥巢，鳥糞把樹木都染成白色。

紅色地毯

假日釣魚場

片片秋葉情**九擔租楓香樹**

近年香港掀起紅葉觀賞熱潮，每逢秋盡冬至，各個熱門地點都擠滿人群，有的是純粹散步欣賞的郊遊人士，有些卻帶備全副器材的攝影發燒友，弄得原本清幽的地方都熱鬧起來，如果希望靜心漫賞，可以考慮偏遠的九擔租紅葉。

遊玩資訊

交通：綠色小巴 20R 號
難度：★★
景觀：★★★★
電子地圖：https://ridewithgps.com/routes/22116525

古村情懷賞紅葉

在烏蛟騰路入口涼亭，已有幾棵高大的楓香樹佇立著，再沿大路到祠心路，亦有數株較小的紅葉樹可供遊人觀賞，但都不及九担租荒田那邊茂盛，只要跟著路牌沿河邊前行，十分鐘便來到一處墳地，環境清幽恬靜，十幾棵的楓香樹排列整齊，高大且茂密，顏色艷麗吸引，似是村民所種的風水林。

風水林紅葉

樹影溪流

楓葉未紅

苗三石澗水潺潺

香港會轉紅的灌木有好幾種：水杉、槭樹、山烏桕、野漆樹、落羽松和欖仁樹等，其中最為人追捧的就是楓香樹，因為它葉子好像加拿大的楓樹，無論取景或細賞也情調十足。烏蛟騰從前是農產豐富，土地肥沃的地方，原因是接近水源充沛的苗三石澗，上下苗田早已人去樓空，但淡雅的溪流仍然是行山人士所鍾愛。

學多一點

烏蛟騰養烏龜？

因當年這裡客家人耕種時，常常見有烏龜出現，烏龜田因而得名，後來又因名稱不太吉利，被一位秀才改名為烏蛟騰，意思是蛟龍翻騰、氣勢非凡。

烈士紀念碑

原來烏蛟騰村是當年對抗日軍的情報基地，曾有九名村民在抗日戰爭中犧牲，甚至連村長也被活生生打死，村民在重光後興建了紀念碑。

漸轉深紅

夕照楓樹

即時分享美拍

英雄步道雷公田木棉

台灣白河區林初埤有一條種滿木棉花的車道，是不少攝影師取景的地方，也是情侶散步的好去處，其實香港也有相似景觀，就是在雷公田石崗軍營之內，近年已成為了郊遊熱點。

交通：綠色小巴 72 號
難度：★
景觀：★★★
電子地圖：https://ridewithgps.com/routes/22116573

禁地賞紅花

當進入荃錦公路已發覺路旁已栽著數棵木棉，而石崗軍營當然是禁區，但由於部份範圍是村民的出入通道，所以仍然保持開放，其中在史樂信路對面入口，有豎立著兩行高高的紅棉小路，每年春夏之交就變成紅色隧道，滿枝滿樹盛放燦爛，震撼程度可想而之，這條小徑足有二百多米長，十分適合散步閒走。

優雅紅棉

軍營內望

纍纍滿佈

花影後的觀音山

鳥兒唱歌

荒廢小樂園

木棉步道盡處是一片綠油油的草場，可以安躺在地上野餐或休息，無論是年輕情侶，或是扶老攜幼，保證可以消磨一段悠然時光。而另邊有廢棄的遊樂場，一些簡陋的鞦韆，適合小朋友玩個痛快。其實石崗軍營早建於19世紀末，駐港英軍駐守所在地，亦是現存最大的一座軍營，回歸後轉成解放軍軍營，每年都有開放日可參觀。

露天雅座士多

牛奶士多

除了軍營，雷公田最著名的相信是被網民譽為隱世食店的牛奶農場，士多供應美味的奶類食品如雙皮奶和鮮牛奶和，還有讓人垂涎的餐蛋麵。

學多一點

木棉用途多羅羅

枕頭、棉被、椅墊、氈子，又因有藥用價值，是五花茶材料之一，也會用來煲湯，清熱解毒。

六月雪

香港也會六月飛霜？ 木棉開花後結果，白色棉絮約5、6月破殼而出，大風一吹便四處飄揚，驟眼以為下雪。

石上開花奇觀 馬鞍山杜鵑

馬鞍山山形龐大，佔地非常廣闊，昆蟲和植物種類豐富，除了較多人熟悉的吊鐘花、車輪梅和台灣相思樹，最吸引遊人的算是初春盛開的杜鵑花。

遊玩資訊

交通：居民巴士 NR84
難度：★★★★★
景觀：★★★★
電子地圖：https://ridewithgps.com/routes/22116605

礦場歲月 窄路紅花

馬鞍山有很多礦場痕跡，都集中在馬鞍山村和露天採礦場，更有不准入的地下隧道，舊時的信義會教堂已化身成探索館，可以了解更多礦業歷史。從燒烤場起步，經過馬鞍山家樂徑，到達景色不錯的觀景台，稍事休息後向著頗艱辛的吊手岩前進，已發現路旁長著不少杜鵑花，顏色鮮艷奪目，不高的樹身生長在岩石縫隙，大有石上開花的感覺。路上會經過很多石堆位置，比起剛才的觀景台實在開揚更多，是欣賞夏季日落的好地點。

長長路途走一圈

如果體力不佳，建議看過杜鵑後，在吊手岩折返到燒烤場，有準備的可以繼續往牛押山和馬頭峰進發，伴隨是杜鵑花的蹤影，走到702米的山頂，極有君臨天下之感，四周山嶺無一能及，最美的算是東面的企嶺下海和西貢群山，明麗景觀令人心曠神怡。循麥理浩徑可接回馬鞍山郊遊徑，完成7公里長的路程，離開前不要錯過露天採礦場遺跡，一處被開山劈石，露出紅色石頭的地方。

礦山遺蹟

學多一點

馬鞍山有三寶

分別是鐵礦、杜鵑和赤麂，當中的鐵材資源豐富，多出口至日本，礦場全盛期工人數目多達三千人。

為何馬鞍山多杜鵑？

常見本地原生品種有有紅杜鵑、南華杜鵑、毛葉杜鵑、華麗杜鵑、香港杜鵑和羊角杜鵑，以上都能在馬鞍山上找到，原因是酸性地質和山高較涼，加上陽光充足，十分適合杜鵑生長。

探索館

有得玩、有得學的鞍山探索館 - 2015年完成翻新活化的恩光堂，提供多樣的服務和活動，既可租用日營、露營和宿營，又有古蹟導賞團和美食工作坊，是適合一家大小的親子活動，讓大家認識更多馬鞍山的礦業、宗教和自然價值。

嬌美盛放

路旁紅花

白雲青山

樹林步道城門白千層

小黃蝶

香港水塘多與郊野公園結合，環境清幽、綠樹成蔭，佔地十分寬廣，設施也相當完善，從來都是郊遊和拍攝的熱點，其中最為人追捧的就是白千層樹林。

遊玩資訊

交通：綠色小巴 82 或 94S 號
難度：★★★
景觀：★★★★
電子地圖：https://ridewithgps.com/routes/22116639

猴子和蝴蝶樂園

一進入城門郊野公園入口，你就會發現很多猴子對你虎視眈眈，牠們不怕人，你離遠看便好了，千萬不要餵食牠們。沿菠蘿壩自然教育徑走，會經過多道小溪，樹蔭下更顯翠綠，早上來到會發現很多蝴蝶，因牠們喜歡早晨或黃昏工作，這裡記錄的品種非常豐富，約佔全港一半。

千層木步道

沿途有數個涼亭和野餐點，遊人可以在樹林下休息。前方的路由泥路變成馬路，亦是千層樹最壯觀的位置，左右兩排樹木超過二十米高，擋住了猛烈的陽光，有如一條深邃的綠色隧道，人走在其中倍感清爽。

水浸白千層

過了千層木步道不遠處就是香港十大美景之一：水浸白千層，夏季雨水令水位高漲，浸過了樹幹，樹影印在湖面上，形成明暗分明的圖案，這幅美不勝收的圖畫，引來遊人和攝影師愛戴，更是婚紗攝影的熱門題材。

學多一點

白千層是甚麼？
白千層又叫千層木，太概因為樹幹是一層一層的白皮而命名。原生於澳洲，有多個品種，有人把它提取為精油，又有把葉子當茶葉飲用，但切記不要觸摸樹皮，會令你非常痕癢的。

一家大小

靜美湖泊

晨光樹影

為甚麼不可餵猴子？

餵飼野生猴子會令牠們數目劇增，違反自然規律，也會對遊人或交通做成滋擾，我們應該令牠們回到自然環境中覓食，而最重要是餵猴子是違法的。

銀禧水塘

城門水塘因當年英皇佐治五世登基25年，所以被稱為銀禧水塘，而可能你不知道，城門水塘分成上下兩部份，上者在荃灣，下者於大圍。

軍用秘道

城門有神秘地道？城門烤烤場接麥理浩徑，路旁有多條軍事秘道，內裡不只四通八達，而且又長又窄，甚至有街道名稱，是軍事迷的樂園。

千層步道

野餐點

第三章

8個看星空的地方

香港地方狹小，到處高樓矗立，霓虹燈五光十色，要看到天上星光實在不易，但只要肯花點時間，走遠一步，在香港仍然可以觀賞得到，以下為大家介紹八個可看見繁星的地方，有交通方便的，有位置偏遠的，希望大家也能重拾差點被城市人遺忘了的星空。

防波堤星光

玄武岩奇觀**萬宜水庫**

萬宜水庫是攝星的熱門地，那裡非常黑暗，很多愛好者都喜歡到西壩和東壩拍攝，下車後不用上山就可以看到繁星滿天，而且題材較廣泛，例如防波堤、六角柱、儲水塔和淡水湖等，是個極佳的攝星地。

壩上銀河

遊玩資訊

交通：的士
難度：★★★
景觀：★★★★★
電子地圖：https://ridewithgps.com/routes/22116681

西壩便利

由於禁區不能自駕，所以可在西貢碼頭乘的士前往，大約半小時便抵達西壩，壩上地方頗大，遠看景色非常廣闊，旁邊有大型水務建築，又有湖中浮起的小島，而壩下有天文公園和青草地，更有大湖一個，昏暗環境下看星最好。

東壩景美

如要看更為壯觀的美景，可以在盡頭東壩下車，那是個被六角石柱包圍的地方，水壩分上下兩層，上層路邊放置了一個藍色防波石樣版，下層則是一道排列整齊的構件，沿路牆壁是開鑿了的山頭，露出大量宏偉的六角柱，向東遠眺有一望無際的海洋，近處是地理奇觀的破邊洲，特別一提是初夏的時候，銀河會在日出前升起，橫陳在東壩之上。

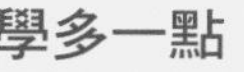

觀星也講禮儀

不要使用太光的白燈亂照，只用紅色小燈，盡量不影響別人觀星。拍攝時要用紅色的小燈掛在腳架上，以免絆倒他人。輕聲說話，保持安靜。

裝備

出發前先了解目的地情況，計劃好行程及時間。安全第一，不應為拍一張相片而存博彩心態。結伴同行，互相照應。穿著適合的裝束，例如防滑鞋。

日出東方

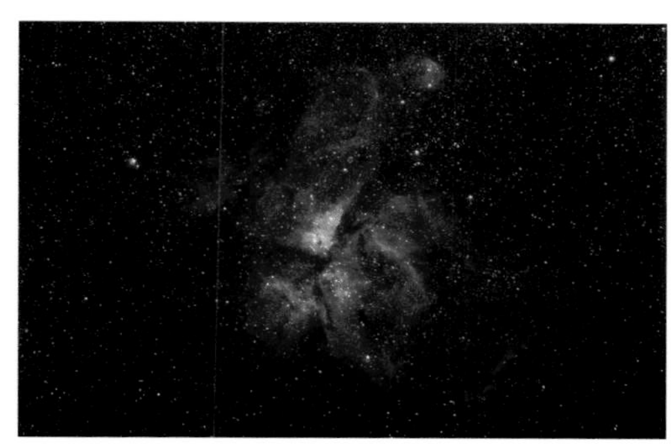

深空星雲

北極星夜空

水庫光影

浪漫星空地
鶴咀

介紹鶴咀必先提醒大家注意守則，因部份地方是私人範圍，例如研究所和宿舍，不要誤闖或製造聲浪，也不可以在海岸保護區進行任何水上活動。

交通：的士
難度：★★
景觀：★★★★★
電子地圖：https://ridewithgps.com/routes/22116693

單車漫遊

天涯與海角

鶴咀是港島最南端的地方，光害相對較少，循鶴咀道經過鶴咀村，乘的士一直駛至電訊盈科發射站閘口前下車，沿鐵絲網小路接回鶴咀道續走，來到分支路，右轉入是研究所地帶，繞過建築就能到達蟹洞海岸，那裡的海景十分寬廣，面對無邊無際的大海，近處有狗脾洲和鶴咀灣，風景動人無比。

蟹洞剪影

星光如雨

海岸晨光

百年燈塔 單車漫遊

鶴咀燈塔是香港最美的燈塔，亦是本地第一座落成的燈塔，歐式風格的圓柱建築，高度近十米的石塔由花崗岩砌成，是個極浪漫的設計，早已被古物古蹟辦事處列為法定古蹟。

靜看星宿

學多一點

駕駛禁區

鶴咀路是駕駛禁區，只容許登記車輛和的士進入，大家不能自駕，所以踏單車會是個好選擇。

蟹洞不似蟹？

從石灘進洞外不像蟹型，所以要小心地走上洞頂，從高而看才可認出一只巨蟹張開兩臂，形神皆似，俯伏在海岸上。

雷音洞

研究所前左面有小徑到達一狹窄山洞，每有海浪沖擊便發出震耳欲聾的巨響，唯前行者必須注意安全。

星光與明月

邊境禁地紅花嶺

中港邊界有一座巨山名為紅花嶺，是昔日軍事要點和舊禁區，山上有發射塔，視野開揚無比。

遊玩資訊

交通：自駕
難度：★★★
景觀：★★★★
電子地圖：https://ridewithgps.com/routes/22116702

邊境高峰 山脈連綿

沿著軍用路到達山頂發射塔下車，可走山路到山頂，一邊看見深圳樓房，另一邊是打鼓嶺平原，你可用發射塔構圖拍星流跡，或以遠處的八仙嶺納入畫面，塔下亦有直升機坪，景色也相當不錯。

沙頭角海景

山高地廣，人可鳥瞰東面沙頭角海景，晚上海面特別平靜，附近山脈互相盤纏，山下是鹿頸小村，曲折海灣配合昏黃燈光，情調不俗。有人亦喜歡早上到來看日出晨曦，旭日初升在東北山嶺之上，太陽金光映照在平靜的沙頭角內海，景致煞是迷人。

連綿山脈

學多一點

多座相連山

紅花嶺旁有幾座相連山頭，分別是紅花寨、亞公頂、二峒和三峒，草長而路斜，比較難走。

軍用路石碑

從山腳上山，路邊有些刻有數字石碑，相信是記錄路長用途，最容易找到的在山頂路盡頭。

長山古寺

足有二百幾年的長生庵古廟，從前為旅客提供茶水和休息地方，現在開放給市民學習歷史。

深圳暮色

星月電塔

親子觀星首選北潭涌

日間的北潭涌是郊遊熱點，有燒烤場和郊遊徑，又有小食亭和野餐點，晚上卻變身成大型攝星集中營。

長曝星空

遊玩資訊

交通：九巴 94 或 96R 號
難度：★
景觀：★★★
電子地圖：https://ridewithgps.com/routes/22116716

最便利地點

晚上自駕或乘的士抵北潭涌，一下車已可看到漫天星光，而且旁邊也有通宵洗手間，對觀星者十分便利，適合帶小朋友認識星空。 雖然旁邊有高樹，部份較低的星座可能被遮擋，但不影響觀看升起後的星空。

難得天清

如何認出星座？

小時認識天文知識，不是走到圖書館便是太空館，現在比從前方便得多，只要安裝手機程式，開著定位功能，高舉手機對著天空，簡簡單單就能辨別方位，學習不同星座，常用的有：Star Walk、Google Sky、SkySafari、Star Chart、Stellarium Mobile 等等。

學多一點

保良局渡假營

渡假營環境優美，收費便宜，觀星朋友不妨早一點參加下午營，玩盡營內多元化設施：燒烤、桌球、泳池或攀石牆等，最合小朋友參加。

流星疊合法

林蔭野餐處

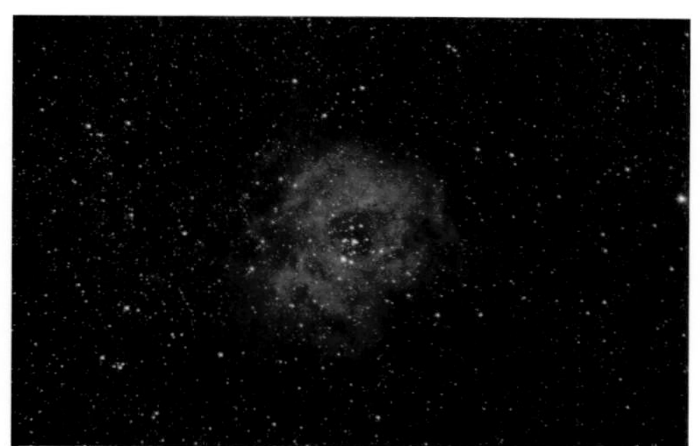

深空玫瑰

飽餐一頓

自然教育徑

一條輕鬆易走的路線，沿路鳥語花香，15分鐘便可到達上窰民俗文物館，內裡陳列著舊日的家具和農具，可以探知客家人的生活文化。

紅光電筒

晚上觀星需要關燈，如需照明走路，盡量使用紅燈，因對其他觀星者或攝影者影響較低。

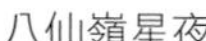
八仙嶺星夜

城市與銀河

大湖倒照星光

大美督

全港面積最大的淡水湖是郊遊好去處，鄰近美麗的大美督，無論野餐、划艇、行山或觀星，都是個精彩好玩的地標。

交通：綠色小巴 20C 號
難度：★★
景觀：★★★
電子地圖：https://ridewithgps.com/routes/22116738

湖波蕩漾 壩氣盡露

大美督燒烤場經馬路可以來到船灣淡水湖的西面水壩，壩面廣闊，好天氣時，躺臥地上已經可以欣賞星空，在微風的晚上，寬廣湖面儼如一面鏡子，倒照璀璨奪目的夜空，攝影師可以水塔作背景，或以大壩構圖，畫面同樣精彩。

漆黑副壩 夜空閃爍

如踏單車可沿環湖大道，達至東南面臨海副壩，那裡更加漆黑，更有利觀星。龐大的水庫建築前身是幾個不相連小島，也是舊日漁民的捕魚區，今已化身成雄偉水利建設，可説是滄海桑田。

學多一點

三門仔遷徙

從前副壩是幾條漁村，水道稱為三門仔，因著興建水塘，村民被遷徙至大埔墟和馬屎洲旁的三門仔新村。

大尾督海濱

大尾督家樂徑

水塘主壩宏偉壯觀，足有兩公里長，家樂徑在壩頭的小山上，正好俯視主壩，而路徑樹林茂密，環境清幽，適合舒展身心。

美食士多

大美督美食多樣，汀角路旁食肆林立，幾乎有齊各地美食，其中的泰國菜和盆菜尤其美味。

主壩長而闊

銀河絕色大東山

大東山位置僻遠，與世無爭，環境格外寧靜，山上沒有觀景台，因為到處都是賞星地，人可安靜思考，感受大自然之美。

雲海大佛

遊玩資訊

交通：大嶼山巴士 11 號
難度：★★★★★
景觀：★★★★★
電子地圖：https://ridewithgps.com/routes/22116760

星野遼原

淡淡銀河

黎明初露

銀河初現 星羅棋佈

仲夏晚上出發到大東山，選擇天清、少雲和月暗的日子，漆黑環境有利欣賞星空，幸運的話可遇上閃閃繁星佈滿頭頂，甚至目睹壯麗的夏季銀河。神話星座增添人的聯想，拍攝時多以石頭、草坡、山脈和石屋構圖，把大東山的寧靜和美麗攝入鏡內，融入自然。

雲海奇遇記

晚上除了星光，在風速緩和及潮濕的日子，還有可能遇到震撼的雲海奇景，一望無際的雲層如波浪在山巒間流動，露出的山頭好像海中小島，一年大約只有幾次機會看到。曾經拍到一張夜雲海大佛更是十分難得，因為畫面只是出現了一分鐘，快得令我們幾乎來不及換上長焦鏡頭。

疊合銀河

學多一點

大東山有鬼屋？

從前村民稱爛頭營石屋為鬼樓，因為屋內居住的多為外籍人士，傳聞是昔日某英資機構為舒緩漂洋過海員工的思鄉病，建造設備齊全的小屋給他們渡假。

天下第一池

爛頭營山谷內，有一如羽毛球場般大的水池，是全港最高的水塘，供水給當年的石屋居民飲用，現已成為行山者休息和洗臉的地方了。

海景伴星晨

大坑墩

清水灣道盡頭是停車場，走到風箏場就可看星，那裡有一大片草地，也有小樹，長櫈和涼亭，是個安全易達的觀星地點。

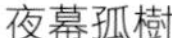

夜幕孤樹

交通：九巴 91 號

難度：★

景觀：★★★

電子地圖：https://ridewithgps.com/routes/22116775

遠眺東面海景

青青草坡 安然躺臥

大坑墩除了郊遊設施完善外，最大特色就是一大片草坪，試想想能和朋友、家人或伴侶一起，寫意地睡在草上，張眼欣賞無盡的夜空，談天説地，會是多麼美好的事情？

闊廣小山頭

山頂有一涼亭，日間最多人放風箏或野餐，晚上就是賞星賞月的集中地，附近沒有高樹，可放眼觀賞清水灣和果洲群島海景，海風送爽，炎炎夏日也感涼快。亭外有一石墩，是地政署的測量站，外形上窄下闊，柱身少有地有文字解説，算是有點特別。

學多一點

大坳門

其實真正大坳門位置在是清水道和龍蝦灣路交界處，現在風箏場應是大坑墩，又因大坳門與大澳門近音，所以不少人都錯叫呢！

樹木研習徑

研習徑建在山腰密林間，起點是觀景台，可遠望青洲及果洲群島景色。小徑樹木參天，好像置身森林，全長只有1.2公里，共有12個小牌介紹不同的植物及其特色，適合親子學習。

新月如刀

樹下乘涼

時空交錯

烽火瞭望妙高台

大帽山觀星遊人較多，電筒光害也多，而大帽山東南坡則較少人到達，是理想看星空的地方。

開闊視野

遊玩資訊

交通：的士或自駕
難度：★★★
景觀：★★★★
電子地圖：https://ridewithgps.com/routes/22116798

夜色漸退

山火觀測站

在大帽大道半山的停車場下車，沿麥理浩徑走到M150和M151之間轉入小路，再走15分鐘到達一堆亂石，旁邊就是山火瞭望台，這裡面向東南，景觀開揚，入黑後就可看到繁星滿天，襯托著山頂的雷達建築。

雲層阻隔燈光

巨石迷陣

大帽山是火成岩地帶，尤其在東面約800米處，奇石滿布、錯路縱橫，面向葵涌區的夜景，也能遙望獅子山和筆架山，而青衣一帶的幾度大橋也能清楚辨認。留意瞭望台晚上可能有人24小時當值，敬請不要喧嚷，影響他人。

學多一點

山上石屋

漁護署在香港11個山頭設有山火瞭望台，在乾燥天氣有工作人員駐守，負責監察山火的可能。

日落聖地

如打算晚上觀星，可以早一點來到泊車處，旁邊的小山坡禾塘崗是看晚霞的上佳地方。

大帽山多石屋？

山上零星分散的石屋，多為戰時軍事觀測據點，集中在山頂北坡和東坡，較大規模的算是日軍雷達地帶，現時還能找到一點石牆痕跡。

繁星閃照

山火瞭望台

雷達站光跡

第四章

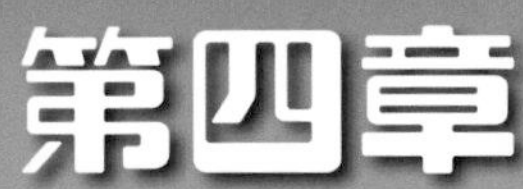

8個隱藏鬧市的山頭

話說港島南線開通後，鴨脷洲的玉桂山成為了熱門路線，其實狹小的香港交通發達，從來不愁沒有郊遊好地方，無需蜂擁去到同一地點，也可享受山野遊玩的樂趣。

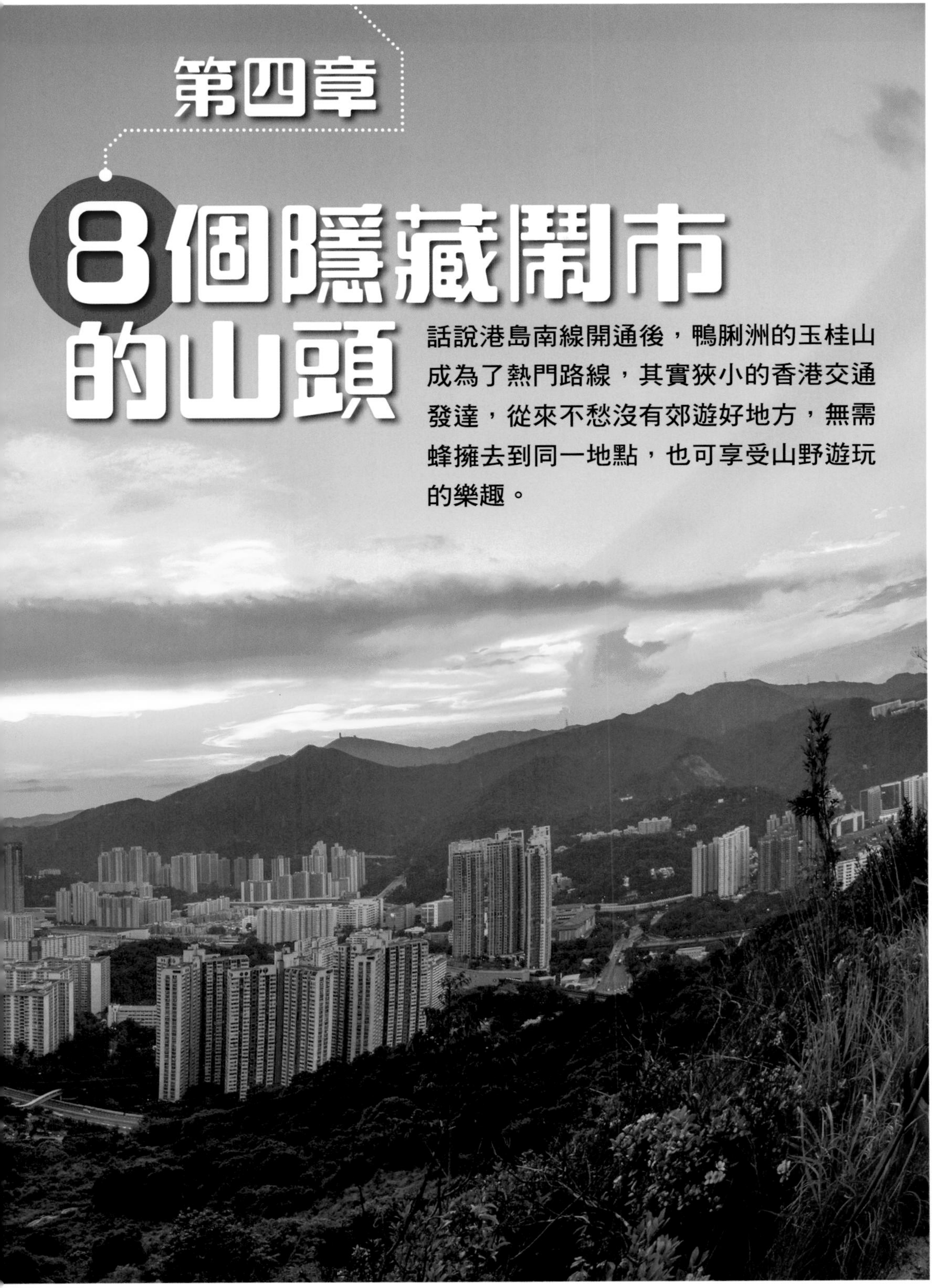

城市晚景

半壁江山
紅燈山

紅燈山附近又名採石山，多年前已被開發了半壁江山，隨著四周的大廈越建越多，樹木也越長越密，抬頭已很難看到山形，紅燈山已被不少人遺忘。

遊玩資訊

交通：何文田港鐵站
難度：★
景觀：★★★
電子地圖：https://ridewithgps.com/routes/22117450

港鐵直達 易行易去

從何文田站走到常樂街公園就是其中一個登山口，沿護土牆樓梯上走，10分鐘就能到達山頂草坪，可惜現場環境被重重圍著，幾乎看不到外面世界，但幸好大廈有如巨大隔音屏，令環境變得異常安靜，難怪晨運客都樂於流連。

拍更好照片需要單反及濾鏡

細數山下城景

向東面樓梯下降，可找到一處相當空曠的平台，有幾張用紙皮石砌成的石椅，人可舒坦地欣賞眼前的鬧市，細看是土瓜灣一帶的新舊樓房，樂民

密佈樓房

新邨、翔龍灣和鶴園工廈一覽無遺，還有九龍灣海景和舊機場跑道景色，也可以欣賞日出，算是個既便利又開揚的拍攝位。

有趣的全景360

學多一點

前世今生

70年代建成的樂民新邨前身是石山平房區，是政府為解決住屋問題的徙置區，而舊日東九龍礦場開採出來的石料，多供本地之用，相信採石山也是一樣。

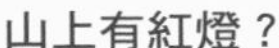

山上有紅燈？

別稱採靠背壟山的紅燈山，在啟德機場仍然運作時，山上有紅光燈塔導航。

木棉公園

紅燈山東腰有個靠背壟道遊樂場，環境舒適，栽有數棵高大木棉樹，夏季時落花四散，滿地鮮紅。

空中平台

獅山晨光

山下圍城

青山翠嶺蝌蚪坪

每逢經過獅子山隧道前，都會被新落成的水泉澳邨吸引目光，依山而建的新樓位置優越，想像附近山頭景觀應該不錯。

遊玩資訊

交通：綠色小巴 809K
難度：★★★
景觀：★★★★★
電子地圖：https://ridewithgps.com/routes/22117477

漫步青松林徑

經水泉坳街可登上開闊的水泥路，轉入墳地林徑後，發現路旁種滿了高大的青松，清幽環境令人忘憂。前行轉走小徑，可到達一高地平台蝌蚪坪，面積約有七人足球場般大小，沒有過多的雜草，卻有多株松樹，比剛才的矮小一點，高地的四邊是懸崖石坡，一層一層滿是碎岩，莫非就是石礦場遺址？

鬧市中的綠洲

這個鮮為人知的好位置景觀明麗，山雖不高卻幾乎可一覽沙田及大圍全景，除了密集的住宅和屋

暮色蒼松

夜幕降臨

夕陽下山

日夜交替

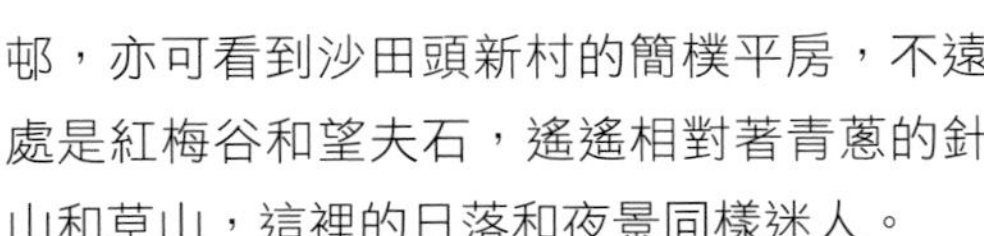

邨，亦可看到沙田頭新村的簡樸平房，不遠處是紅梅谷和望夫石，遙遙相對著青蔥的針山和草山，這裡的日落和夜景同樣迷人。

學多一點

石頭地帶

水泉澳一帶都是石頭集中地，尤其在半山有大量裸露的石頭，山下又有街道叫多石街和多石徑，遠一點是石門和大石鼓，全都圍繞著石頭。

露營樂園

沙田童軍中心是個位置方便和設備完善的營地，燒烤和露營都很適合，接受團體或教會租用。

昔日情懷嘉頓山

深水埗是早年發展的舊區，有很多不高的舊式唐樓，從衛星地圖看是排列整齊的方塊圍城，嘉頓山雖只是小山一座，卻有著美麗的景色。

遊玩資訊

交通：深水埗港鐵站
難度：★
景觀：★★★
電子地圖：https://ridewithgps.com/routes/22117489

配水庫草坪

迷人的舊城夜色

嘉頓山原名喃嘸山，路線四通八達，從巴域街旁邊的美荷樓斜坡起步最簡單，只要沿石屎樓梯走10分鐘便到，沿路大量晨運客的自製設施。炎炎夏日到來，可能已發現很多人在等日落，因為地點實在太過方便。

蕭索的光影軌跡

日落過後是黑夜降臨，這個過

燈火通明

一山之隔

氣城市的燈火漸亮，雖然沒有旺區般璀璨耀眼，但深水埗有著香港人不死的生命力，香港今日的成功，可以說是辛勤勞動的人們有份建立的，看著晚上的城景，不難令人想起昔日情懷。

護土牆沒遮擋

學多一點

香港有幾個水塘山？

人口密集的香港需要大量供水，所以很多住宅區都有大型水庫，通常都建在小山上，又有公園和休息等設施，一般人都不會尋根究底，泛指有水庫的山為水塘山。

趕拍日落

香港唯一的H型大廈

美荷樓從前是安置災民的徙置大廈，近年修復後變成青年旅社，裡頭的美荷樓生活館是充滿屋邨味道的免費展館，又有消閒咖啡館。

空中城堡茅湖山

調景嶺舊日是寮屋區及漁村，依山傍海，環境優美，近年有人著書講述調景嶺的過去歷史，詳細文字加古老圖片，資料之豐富令人眼界大開。

遊玩資訊

交通：綠色小巴 107 號
難度：★★
景觀：★★★
電子地圖：https://ridewithgps.com/routes/22117552

堡壘陳設

叢林堡壘 歷史建築

從寶琳南路通往茅湖山南脊，經過彎彎曲曲的山徑，在生長茂盛叢林中，會發現一個古老的建築物，就是茅湖廢堡，有人稱作茅湖山觀測台，整座堡壘由石塊建成，門框和窗戶都是圓拱型，經歷近百年風雨，雖然部份屋頂已經倒塌，但樓梯和屋簷仍然保存良好，由於政府已把它列為受保護建築，所以大家要好好珍惜，不應破壞。

五桂山日出

天然健身中心

看過城堡後可直上茅湖山頂，雖然景觀並不開揚，但你會發現很多晨運客所建的臨時設施和不同花卉，好像一個簡陋的健身中心，如在早上到來，現場相當熱鬧呢！將軍澳人口密集，住宅大樓又高又多，茅湖山正好成為一個屏障，分隔城市和郊野，所以深受居民歡迎。有興趣從高處看城景的話，可接回衛奕信徑三段到達開揚的五桂山頂。

昔日警署

學多一點

普賢佛院

佛院從前是調景嶺警署，向政府租用以辦理村民的法事和祭祀，可是近年已被政府收回。

吊頸嶺？

調景嶺又叫吊頸嶺，傳説是因當年有一麵粉廠老闆吊頸自殺。

巨型鐵板

五桂山頂有兩個古怪的大型鐵板，原來那是電視訊號的微波反射板。

麻石牆壁

叢林廢堡

圓拱設計

維港十合一

竹林山徑

夜景第一峰 紅香爐峰

香港是個發達城市，九龍和港島兩岸建築密集，晚上夜色燦爛奪目，是舉世聞名的世界級夜景。

空中觀景台

紅香爐峰是個知名的維港夜景觀賞地，由西環到北角，甚至九龍全景都能飽覽，亦是拍夏季日落的熱點，五光十色的夜景更是迷人，但登山路途有點混亂，人要在石隙中鑽來鑽去，也要小心奕奕地爬上大石，才能到達最頂三角站標柱，那裡可站立的位置極少，大家必須注意安全。

最佳時機

紅香爐峰看日落當然美麗，但不是一年四季都合適，原因是太陽落下的方位，不一定是正西下沉，而是因著月份有所改變，例如秋冬偏西南，春夏卻近西北，所以紅香爐峰看夕陽最佳月份是4月到8月，由於山上可以觀看維港全景，所以某些大節日中，人們都會在上山欣賞煙花呢！

遊玩資訊

交通：新巴 25 或 27 號
難度：★★★
景觀：★★★★★
電子地圖：https://ridewithgps.com/routes/22117572

繁華鬧市

巨石平台

學多一點

寶馬山在那裡？

紅香爐峰是個很舊的名字，與爐峰（太平山）遙相對峙，但很多人錯叫為寶馬山，真正寶馬山在鰂魚涌之上，山高只有200米。

夜燈璀璨

紅香爐傳說

某天漁民發現海面有個大香爐被沖到岸邊，以為是天后娘娘送來的，於是便建小廟上香祭祀。

紅香爐曾是香港島總稱

有人根據古書《海國聞見錄》的沿海圖中，標示出紅香爐山就是香港島。

半山運動場沈雲山

香港人口密集，住宅區附近的小山都建有配水庫，以供應市民需要，通常這些不起眼的地方都叫做水塘山。

交通：九巴 95 號
難度：★
景觀：★★★
電子地圖：https://ridewithgps.com/routes/22117605

隱密的球場

順利邨旁邊的沈雲山就是其中一個水塘山，山頂是觀塘上配水庫遊樂場，試過清早走到那裡，沿路都是充滿笑聲的晨運客，也有很多人在練跑和耍太極，猶如一個小型運動會。這裡西面有高樹阻擋，而東面和北面景色不錯，可以看到聳立飛鵝山下的屋邨城景，邨後也能看到昔日是石礦場的大上托。

翠綠水塘山

消失的水塘

沈雲山北面有小路可到佐敦谷水塘，長滿綠樹的鍋形山谷不見水庫，有的是石屎堤壩和寬闊河道，可通往淘大花園，原來水池早於80年代已被填平，昔日的海水儲水塘已換成新式的鹹水配水庫。近年一帶建有佐敦谷公園，一個很大的綠化區域，最合親子遊玩或散步。

佐敦谷堤壩

學多一點

觀塘四順

80年代初建成的順天邨，與不遠的順安邨、順利邨和順緻苑合稱四順。

觀塘區最大公園

佐敦谷公園佔地很廣，除了大片草地外，更有多元化康樂設施，最具特色的是國際級遙控模型賽車場。

屋邨夕陽

彩德邨彩榮里旁的石坡從前叫平山，現在可沿護土牆樓梯登頂，欣賞日落西山。

航拍運動場

草皮跑道

外望高樓

飛機升與降雷達山

香港是個發達城市，擁有最完美的國際機場，已成舊址的九龍城變得雅雀無聲。

微光時腳架不可少

褪色格仔

遊玩資訊

交通：樂富港鐵站
難度：★★
景觀：★★★★
電子地圖：https://ridewithgps.com/routes/22117675

最佳觀景台

隱密的山頂草坪

雷達山是個路線繁多的地方，較方便的入口在繁忙的聯合道旁，循富安街向山頂前進，聲音由嘈雜轉為寧靜，樹木生長特別豐盛，走起來十分爽快，10分鐘便能登頂，面前是個大如球場的草地花園，人也不算太多，可以舒暢地休息或野餐，樹林完全阻隔了山下令人煩擾的噪音，實在是鬧市中的綠洲。

巨型石壁塗鴉

山頭南面有著截然不同的風景，那邊是個被削的石坡，籬笆外有小路往外走，由於附近沒有障礙物，半個九龍一望無盡，港島區的山頭也能看到，崖下是一級一級的石壁，牆上有脱落褪色的紅白油漆格子，雖然殘破，仍可清楚辨認，那就是當年給飛機轉向的訊號。唯崖坡沒有圍欄，所以必須注意安全。

學多一點

雷達山有很多名稱，格仔山、九龍仔山和樂富山等，山上的格子就是啟德機場時代，部份飛機降落就是靠當時的導航燈和格子了。

電影取景

近年電影《哪一天我們會飛》是在雷達山取景，戲內看到大草地和獅子山。

天清能看港島

山頂一景

草地與獅子山

維港夜色

戰時陣地魔鬼山

魔鬼山景觀明麗，曾經是軍事要點，現在仍有很多戰時碉堡、炮台和石屋等遺址，經過年年月月的摧殘，大多已風化侵蝕，卻吸引很多攝影師和野戰迷到訪。

機槍堡壘

遊玩資訊

交通：油塘港鐵站

難度：★★

景觀：★★★★

電子地圖：https://ridewithgps.com/routes/22117701

炮台日落陣地

墳場的馬路旁有小徑切入，順著石屎路和梯級，就進入炮台範圍，一所外牆剝落了的建築，似乎充滿歷史陳跡，不遠處是三角測量站，亦是拍攝維港日落點，好天氣的話，建議早一點上來預備，因為拍攝位置容納不到太多人。附近的樓景及維港兩岸也是香港著名的景色，留意一年當中只有三、四、九和十月在這裡拍日落比較有利。

青翠山頭

萬家燈火的晚景

拍夜景要掌握最佳時機，就是日落之後，天空仍然泛著微光，城市燈光徐徐亮起，把漆黑的環境照亮的時候，不要等到全黑才拍攝，否則只有單調的天空。維港夜景世界知名，燈光照亮海面，不少觀光船和渡輪來往如織，在海上畫出優美線條，配合維港修長的海岸線，拍出城中夜景的船軌照片。

微月夜空

學多一點

雞婆山？

約200米高的魔鬼山又稱炮台山，土名雞婆山，早期已是重要的軍事要塞，山頂炮台為保護香港東面的第一道防線。

美味海鮮街

山下的鯉魚門酒樓食肆眾多，以海鮮、懷舊食物和海味最著名。

夕照海港

第五章

8個看日出的海灣

無論觀賞或拍攝日出，都是一件需要毅力的事情，你要很早起床，出發到目的地，還需摸黑探索，但如果能夠遇上驚艷的晨曦景色，一切付出也是值得。

清脆響石灘
撿豬灣

萬宜水庫東壩有座山嶺叫花山，山的東面朝向大海，長年被驚濤駭浪沖擊，形成多種海蝕地貌和海岬，而撿豬灣憑著變化多端的景物，算是這一帶最有代表性的灘頭。

霧化海浪

遊玩資訊

交通：的士
難度：★★
景觀：★★★★★
電子地圖：https://ridewithgps.com/routes/22116161

滔滔浪潮 咚咚響聲

撿豬灣滿佈橢圓形石春，海有大浪拍岸，把石頭推動，就會發出清脆響聲，浪一退再把石頭翻滾，又有同樣聲音，是名符其實的響石灘。水退時到達這裡，水中露出大量碧綠岩礁和石溝，有十字型和六角型，也有水中潭穴，新奇有趣。

浪花沖激石卵

六角稜柱 蔚為奇觀

不得不提的是灘背後的巨大岩壁，全都是六角石柱組成，不只節理分明，而且曲折多變，高參的條狀石柱直指天際，若站在崖下觀看，其震撼程度不難想像。東望有無垠的汪洋大海，有機會看到旭日從水平線升起，紅霞把海水染成通紅，雲彩滿天飛躍，畫面精彩絕倫。

遠望一片汪洋

學多一點

拍攝技巧

用不同快門配合腳架和減光鏡，可以得出不同的海浪形態，例如長曝約30秒，可使水面平滑像鏡，約1秒快門得出動感的海浪，而短時間曝光能將浪花定格。

斷柱岩

潮退

石灘盡頭有十字溝，只要水位低降就能看見。

小說地名

由於這一處很受行山隊歡迎，每個位置都被改上如武俠小說的名字，如尋龍峽、淄淀石和斧劈崖等。

俯視撿豬灣

平靜舊鹽田

灣角一景

碧水藍天

運動相機
拍花絮

靜如止水
南圍

從前西貢的南圍和北圍有鹽田經營，後來北圍已建成大型屋苑，只有南圍尚且保留一些舊有漁村面貌。

遊玩資訊

交通：綠色小巴 1A 號
難度：★★
景觀：★★★
電子地圖：https://ridewithgps.com/routes/22116171

鹽田柔與美

蠔涌轉入南圍路，幾乎全已變成西班牙村屋，偶有殘存的瓦頂磚屋，直到途中看到鹽田的海堤，方有舊日漁鄉味道，廣大的鹽場是淺淺的泥灘，有很多紅樹林生長，水面平靜而清澈，四周安寧平靜，與人頭湧湧的西貢市是另一種境界。

沙灘享恬靜

道車路盡頭是澳仔村天后古廟，依小路轉個彎，明顯人煙更少，面前有個小沙灘，對岸是萬頭咀和三星灣，內海沒甚風浪，使海面沒有漣漪，平和安穩感覺油然而生。海上停泊了些小遊艇和漁船，證明這裡是天然避風良港。日出時份沒有高山阻礙，萬籟無聲，人可細意感受旭日初升的喜悅和能量。

學多一點

漁民信仰

打魚的人多信天后娘娘、觀音大士和洪聖大王，以保海上平安，有些也信奉天主教和基督教。

基督教堂

入口有一間寫美崇真堂，教會草創於上世紀初。

鄉村士多

村前有士多，供應小食和飲品。

靜如止水

海浪沖蝕沙堤

隱逸秘灣 小棕林

岩頭沙是很少人認識的地方，灣內只有幾家獨立大屋，也有風帆訓練中心，沒有其他設施，所以較少人到來。

遊玩資訊

交通：的士或自駕
難度：★★
景觀：★★★★
電子地圖：https://ridewithgps.com/routes/22116190

無人灘頭

入口不易找

要找到岩頭沙也不容易，因為清水灣的村路頗為隱蔽，留意坑口永隆路的入口，經過一排排豪華別墅後已無街燈，單程路多彎轉折，沒修葺的樹木枝葉濃密，蚊子也特別多。路盡是個小小迴旋處，訓練中心推放著層層獨木舟，正前方

空中鳥望

是一私人大屋，稍為走近已聽見狗隻汪汪大叫，留意右邊的小石灘，雖然不算特別，但仍可探索一番。

海岸風情

繼續走左面小棕林沙灘，景觀卻大為不同，寧靜國度的海沙似乎特別幼細，波浪也不算大，從頭走到沙灘尾，回望剛才看到的大宅，好像孤獨地建在小島上，有如外國的海岸風情。建議夏季的早上才到來等待日出，因為太陽會從灘頭慢慢升起，其他月份方向不佳，記得帶備電筒和防蚊用品，也要小心狗隻的騷擾。

藍天石灘

牛尾海景

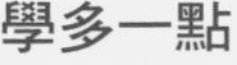

學多一點

風帆協會

小棕林對出的牛尾海風浪不大，是練習風帆的熱門水域，難怪有訓練中心在此。

有趣資料

灣尾的獨立屋珊瑚閣極度隱蔽，花園和主人房都獨霸海景，數年前已叫價兩億，現在算便宜了。

有趣地名

清水灣路旁有地名兩塊田和五塊田，而西貢亦有三塊田，未知有沒有其他呢？

旭日初升

岩石曲岸

巨岩海岸**龍蝦灣**

說到龍蝦灣有三寶，一是古代石刻；二是風景秀麗的郊遊徑；三是草地風箏場，還有第四寶，就是看日出的石灘。

遊玩資訊

交通：的士或自駕
難度：★
景觀：★★★
電子地圖：https://ridewithgps.com/routes/22116213

滾滾浪淘沙

龍蝦灣路雖然頗為僻靜，但路旁有金碧輝煌的湛山寺和密密麻麻的大坑口村，所以不太擔心安全問題。續走到騎術學校正門，右面有林徑和洗手間，也有野餐枱椅的郊遊點，留意路的右面有隱蔽出口可到一石灘，由於經常翻起大浪，沒有人會在此遊泳，而於秋冬日子，太陽升起方向偏東南，十分適合賞日出，以滾滾浪花配合構圖，將會拍得美妙的畫面。

空曠大草坪

另一邊有路接到平坦的風箏場，地方廣闊人少，只有幾張櫈子和涼亭，日間在此玩球類活動相當不錯，晚上還可看到星星呢！而在夏季晨曦時間，剛才提及的石灣就不合看日出了，可以轉到另一個向著東北的小灣，小心奕奕地沿岸邊就能找到，所以龍蝦灣一年四季都能觀賞晨光初現。

古時刻鑿

學多一點

法定古蹟

距離騎術學校400米的馬路邊，有樓梯接到海邊的古代石刻，紋飾呈幾何形狀，又似鳥獸，據說是旅行人士在1978年發現的。

郊遊徑

龍蝦灣郊遊徑接大坑墩燒烤場，約長2.4公里，需攀過景色遠揚的大嶺峒。

田園BBQ

龍蝦灣路中途，過了大坑口不久，有草地燒烤場，適合一大班朋友開派對。

錯位攝影

海灣紅霞

獨腳鳥

沙土留痕

齊齊挖蜆

挖蜆勝地

水口灣

大嶼山有個挖蜆大本營，平整的灣岸全是軟泥，地之廣大境內少有，縱使假日人來人往也不覺擠迫。

交通：大嶼山巴士 11 號
難度：★★
景觀：★★★★
電子地圖：https://ridewithgps.com/routes/22116237

老遠的天鏡

嶼南路轉入水口灣十分方便，先經過士多，就望見廣闊的海灣，都是鹹淡水交界的濕地，大水退時地方更是遼闊，人可走到海中心，滿佈不同種類的生物，彈塗魚、雀鳥、小螺和小蟹最常見。近岸處有綿密紅樹林帶，又有不同淡水溪流延伸到海灣，沙灘上有幾棵獨自生長的高樹，隨風飄動甚有意境。挖蜆的可自備工具，或是即興向士多租借，只要按著取之有道和適可而止的原則，挖蜆活動充滿歡樂。

攝影遊玩樂土

其實晚上水口灣是觀星者熱點，很多人喜歡拍到半夜，躲在帳

日出倒影

幕休息一會便起身看日出，東面無甚阻擋的視線，濕地如鏡反射雲彩，以及彎彎曲曲的小溪，都是在水口取景的理由。特別的是，曾在此拍了些縮時片段，合成後發覺影片中有大量移動的小東西，放大後才知道是小螺和小蟹爬行的軌跡，快速播放下相當有趣。

開揚景色

學多一點

潮汐預報

參看天文台的資料，掌握潮退的時間和水位，有利計劃行程。www.hko.gov.hk/tide/ctide_main.htm

取之有道

水口的蜆類多是沙白和三角蜆，太細小的如五元硬幣以下不要取走，留待繁殖。

木鞦韆

有心人在灘上架了鞦韆架一個，無論閒坐或取景都不錯。

浪花如霧

岩礁秘境/小破邊

白腊灣是萬宜水庫南面的一個雪白沙灘，一直是夏日遊船集中的熱門海灣，而沿著東面小山可抵東角頭海岬，亦是攝影秘點小破邊洲所在地。

遊玩資訊

交通：的士
難度：★★★
景觀：★★★★★
電子地圖：https://ridewithgps.com/routes/22116243

獨佔海崖

海蝕奇岩怪岸

西貢萬宜路有小徑到白腊村，繞過樹林有明顯山徑到海邊，那是奇趣地貌的集中地，第一眼看到的是如鍋形的六角柱岩坡，氣勢雄渾有勁，旁邊有一無名石灘，是甚少人到的地方，海中有礁石隆起，形狀千奇百趣，最特別的是一艘狀似

白腊美灣

東角頭展目

軍艦的浮石，灘的盡處有一巨大岩穴木棉洞，海水貫通其中，又是海水侵蝕的結果。

秘點真身小破邊

東壩的破邊洲全港知名，而小破邊洲也不遑多讓，形態十分相似，與岬角分離成島，海水沿小水道沖進岸邊，經常翻起片片浪花，陸地有多個陷入的小池，可以影照日出時的天空雲霞，一年中除了盛夏，其餘日子太陽都不太會被阻擋，是拍小破邊的好時機。

倒腕崖

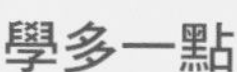

學多一點

鄉村士多

白腊灣的士多環境整潔，食物豐富味美，亦有沙灘用品租借和沖身服務。

青山碧海

小白腊

從白腊灣走10分鐘，可到另一小灘白腊仔，環境更為清靜。

牛群之家

村路對出是荒田一片，很多牛群在此吃草。

風箏樂園泥涌

泥涌平日是個放風箏勝地，也是玩水捉小蟹的好地方，交通上最是方便，原來清早到來卻有不一樣的景致。

遊玩資訊

交通：綠色小巴 807K 號
難度：★★★
景觀：★★★★★
電子地圖：https://ridewithgps.com/routes/22116254

假日海灣

泥涌一帶的海岸線很長，一直伸延到企下村和井頭村，沿海都是淺水的小石灘，所以有很多矮小的紅樹林，自然也吸引了海洋生物棲身，最常見的小蟹和海螺，也見過大量綠色海藻鋪滿海岸。海中有個舊碼頭，只要水一退就展露出來，寬闊的海岸在假日大受歡迎，你定會看到一大群風箏客。

如何拍好相片

一般海邊拍攝，無非想突出天地之廣或海浪的千姿百態，由於海岸多是空曠無物，拍攝時難免沒有主題，但是你可用眼睛觀察，留心近處的前景，那怕是一塊石頭或是一灘積水，都可以納入畫面，泥涌的紅樹林可以是題材，另一邊有幾棵棕櫚樹亦是題材，所以透過移動身體，細心察看景物的變

夏日雲彩

水靜如鏡

化，保持相片水平，運用三分或四分構圖，選擇光線柔和、色溫暖和的日出時間，拍好照片應該不難。

新建欄柵

學多一點

天文台資訊
學會出發前看天氣預報和資料，了解潮汐和日出時間。

清幽早晨

泰國美食
西沙公路旁有泰式餐廳，惹人垂涎。

燒烤場
附近的大型野餐點和燒烤場位置便利，有涼亭、洗手間和遊樂場。

豪宅獨佔亞公灣

西貢有很多海灣都沒有配套，沒有救生員，沒有洗手間，甚至連正常的路都沒有，但正因為這些原因，亞公灣才可保持秘密花園的面貌。

漫天卷雲

遊玩資訊

交通：的士或自駕
難度：★★★
景觀：★★★★★
電子地圖：https://ridewithgps.com/routes/22116269

似有還無的路

清水灣道轉入銀線灣方向，走到銀臺路的盡頭是碧濤花園，看似沒有去路卻有右邊梯級直達阿公灣，這裡像個私人海灘，野草叢生，沒有設施，但保留了自然一面，特別在夏季，灘上有很多鋪著青苔的綠色石頭，岸邊也長有大片黃色蟛蜞菊和紫花五爪金龍。

腳邊牽牛花

嚮往的生活

亞公灣是牛尾海的內灣，風浪尚算平靜，而且位置向東，所以是理想看日出地方，灘上橫置著幾塊大石，加上緩緩的海浪沖刷，攝影師不愁沒有題材。旁邊建有一列臨海小屋，居民可以每天欣賞美景後才輕鬆上班，令人嚮往至極！

平靜之美

烈焰燒天

流浪攝剪影

學多一點

攝影技巧
拍日出需要平衡天地光差，漸變灰濾鏡不可缺少。

航拍

現在的無人機價格便宜，可以從空中拍到不一樣的角度，是愛攝影之人應該擁有的神器。

攝影術語

愛拍日出的人常說：紅霞滿天叫火燒雲，沒有雲彩叫清水蛋，連太陽都看不到是食白果。

第六章

8個風景怡人的小島

香港除了山多，島嶼也特別多，官方記錄已有 263 個，海岸、沙灘、洞穴、岩石和漁村，都是構成小島的美麗元素。

別緻窗花

國外風情鹽田梓

西貢碼頭有很多環島遊船，只花數十元便可暢遊不同小島和海灣，美麗的橋咀島、半月灣和鹽田梓是必經之地。

遊玩資訊

交通：西貢碼頭街渡
難度：★★
景觀：★★★★
電子地圖：https://ridewithgps.com/routes/22117017

聖若瑟堂 肅穆莊嚴

說到鹽田梓村，整個地方都會發現甚有耶教色彩，原來這是天主教在港發源地之一，所以幾乎全村都信奉上帝，島上最有特色的必定是華美的天主教堂，淺黃色的尖頂設計，十架高高掛在屋簷上，內裡更是神聖莊嚴，無論你是否教徒，總會被深深吸引。教堂附近還有很多頹垣廢墟，聽說是當年修士的客家屋。

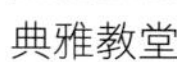

典雅教堂

小島碼頭

陽光燦爛

玉帶小橋

風味小吃

地道茶粿

鹽田復活 玉帶小橋

鹽田梓怎會沒有鹽田？正正茶座附近就有大片近年被重修的鹽場，以基圍築起淺淺的水塘，潮漲時海水湧入，曬乾後便成食鹽。鹽田梓有很多樹林小徑，其中一條可通往活水泉和山崗涼亭，盡頭是連接滘西洲的小石橋，名為玉帶橋，那裡景色極好，碧波蕩漾，水清見底，深入在寧靜的水道，完全看不到任何城市建築，坐下閉目養神最寫意。

學多一點

傳教到西貢？

150年前已有意大利神父到西貢傳教，除了建教堂，他們還辦學校，甚至提供生活上的協助。

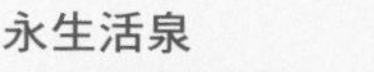

永生活泉

樹林裡有個小井口，泉水清涼甘甜。

客家美食

碼頭茶座供應可口食品，茶粿、雞脾、豆花，炒飯和涼茶一應俱全。

奇岩異域南果洲

香港東部水域風急浪大，把岩岸侵蝕得千奇百怪，好像僻遠的果洲群島，簡直是個渾然天成的地質圖書館。

巨形岩壁

遊玩資訊

交通：預約鯉魚門船家
難度：★★★
景觀：★★★★★
電子地圖：https://ridewithgps.com/routes/22117043

星空奇遇

杳無人煙　動人景致

南果洲是個人跡罕至的孤島，沒有定期航班前往，必需租用私人船隻或參加本地旅行團才可前往。岸上沒有樹木，只有稀少的短草，因大部份地方也是由火山成岩組成，巨浪滔天，長年拍岸侵蝕，形成多不勝數的石景、洞穴、海蝕柱和沖積平原。在島上拍攝日出日落是輕而易舉的事，四周環境毫無阻隔，大大小小的礁石遍佈，好像越南下龍灣。

銀河星光 華麗眩目

夜幕低垂就是觀察星空的最好時機，沒有光害的果洲，不用任何器材已可看到燦爛奪目的漫天星宿，而夏季銀河亦可在入黑後就能目測，銀河由大量恆星構成，越接近中心，星點越密。除了岩石和海岸，崖坡和六角柱都可以是構圖之

港版下龍灣

一，甚至你帶來的營帳和自己身體也是很好的前景。荒蕪曠野令人回到古代，暫時放下所有煩惱，盡情享受一場眼睛的盛宴。

奇異地質

學多一點

安全事項

海岸大部份時間也是風高浪急，盡量在風速緩和的日子登島。由於路段多為碎石，應穿舒適及咬地行山鞋，宜穿鬆身長褲，長衫及帽子防太陽灼傷。過夜的話必須要有露營用品，帶備照明和防蚊用品。海邊活動要留意潮汐，風化石塊很易脫落，不要攀爬崖壁或洞穴，由經驗人士帶路為佳。

靜美晨光

名字由來

果洲群島是由東、南和北三個主島及廿多個小島組成，名字由來是因為在高空上鳥瞰下像極一個盛滿生果的盆而得名，亦叫菓盤洲或九針群島。

著名石景

有石拱門、大石室、天后廟和三叉洞等。

東平勝景更樓石

渡假天堂
東平洲

東平洲，一個遙遠平靜的島嶼，如果說它是香港沖繩也不為過，以下細數愛上東平洲的理由。

遊玩資訊

交通：馬料水街渡
難度：★★★
景觀：★★★★★
電子地圖：https://ridewithgps.com/routes/22117059

幾何圖案的水影

遠離繁囂 第一名岩

假日從馬料水乘搭街渡到東平洲，經過赤門海峽和大鵬灣，100分鐘的船程涼風送爽，一望無際的海景盡入眼簾。島上岩石奇多，紋理清晰的頁岩遍佈整個海岸，不但色彩豐富，而且形狀和脈絡甚為獨特，不乏三角、方塊和橢圓等奇趣形狀。其中最注目必然是更樓石和斬頸洲，實屬香港難得一見。

四時風光 出塵美景

東面更樓石和西面斬頸洲分別是拍攝日出日落的上佳地點，前方沒有高山阻擋，近處有無數奇異石景襯托，配合水退時留在石上的水窪，肯定是個絕美的畫面。小島沒有水源和電力供應，晚上四周環境幽暗，漫天星光垂手可得，襯托世界級地質景觀，實在是攝星者樂園。

攝影者天堂

環島漫遊

東平洲地勢平緩，最高點的鶴岩頂也不過50米，沿著郊遊徑環島一圈方便容易，加上東岸有不少士多補給，大約兩小時便可輕鬆完成，唯西岸路況較為起伏，行山鞋和充足飲品必不可少。

水退見海蝕平台

學多一點

雪白沙灘

四面環海的小島蘊藏多個海灣，包括：白臘灣、長沙灣、大塘灣、亞媽灣和龍落水，每個都是水清沙幼，景觀遠揚。

湛藍天空

海鮮美食

島上有不少的假日士多，提供簡約住宿和地道美食，最令人難忘的是清蒸塔螺、海膽炒飯和秘製手撕雞，還有透心涼的自家製涼茶特飲。

東平洲航拍4K UHD
https://youtu.be/s-KVNZIfhlU

可口炒飯

青青草原塔門

塔門英文名字是 Grass Island，即是充滿綠草的小島，而在車灣上的草坡營地，正是綠草油油的地方。

交通：馬料水街渡
難度：★★
景觀：★★★★
電子地圖：https://ridewithgps.com/routes/22117072

無邊海岸 草原漫步

從碼頭經過海味小店和海鮮酒家，撲面而來是海產鮮味，輕鬆走到山上涼亭，山青水秀，風光如畫，放眼面前是如彎月的石灘弓背灣，白浪重重捲動，波濤一下子又退回海上，人可安靜地感受大自然的時間規律。原野山坡平緩地廣，一個個營幕佔領有利位置，與牛群為伍，盡然享受藍天美景。

賞石、觀星、露營

看過怡人旖旎的風光後，走到海平線上的奇岩呂字石，兩塊方石疊起來有十米高，牢牢地挺立在氣勢磅礴的波濤上。塔門十分適合一家大小或三五知己露營，晚上來煮一頓豐富晚餐，喝杯紅酒，細賞頭上星羅棋佈的夜空，早起的可靜待晨光第一線，人就充滿力量和朝氣，此時此刻，畢生難忘。

小島最美一角

呂字石海景

龍頸筋

日落後觀星營

風箏之樂

特式古廟

回味鮮魷

美味炒飯

學多一點

塔門鮑魚

因為水質清澈，塔門六十年代盛產鮮甜肥美的鮑魚，當時人人都是掏鮑高手，幫助了經濟收入。

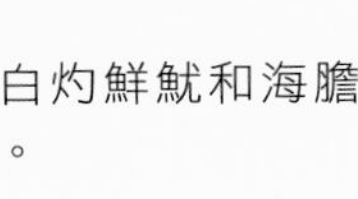

海鮮大餐

碼頭的海鮮酒家，有著名白灼鮮魷和海膽炒飯，幾乎每個遊客都會幫襯。

翠華船務

塔門船期：

http://www.traway.com.hk/02/index.html

火藥庫真身

燈塔夕陽

爆破之島
火藥洲

火藥洲名字奇特，坐船經過覺得外表平平無奇，原來島上隱藏了一個有趣的古舊建築。

遊玩資訊

交通：預約香港仔船家
難度：★★
景觀：★★★
電子地圖：https://ridewithgps.com/routes/22117099

釣魚勝地 白皙燈塔

火藥洲在鴨脷洲西面，沒有定期船隻往來，只能在香港仔碼頭找船家幫忙，十分鐘便可登上這個形狀幼長的小洲，外表一半是橙黃的岩岸，一半是雜草繁多的小林。上岸後第一眼看到的是雪白色的導航燈塔，分上下兩層，在此看日落也十分浪漫。大浪的岸邊常有釣魚客，他們說火藥洲環境安靜，常有大魚出沒。

細小島嶼 耐人尋味

島上活動的地方相當有限，但原來草叢中埋藏了一間石屋，就是罐頭型的火藥庫，舊報紙說那是某商人經營的火藥庫，當年供英軍使用，荒廢後自然地被列為三級歷史建築。現在沒有正常的路前往，除非爬過海邊大石，但頗為危險，沒經驗的不宜挺而走險。

小島全貌

學多一點

其他名字

水上人稱火藥洲為豬牯洲或鰲魚洲，亦曾因為岸上有一突出樹木，所以稱作 One Tree Island。

儲存魚炮

火藥倉空置後，漁民曾儲存捕魚的魚炮，現在已空無一物。

風之塔公園

公園內最特別是一座像漁船的觀景台，安裝了隨風力變色的燈飾。

香港仔夜景

香港仔樓景

少有的角度

天下奇石
破邊洲

萬宜水庫東海上的破邊洲，是香港最壯麗的石景，曾經登上島上，人被一排排高聳長岩所震懾，感受到自然界的奇妙。

破邊洲奇壁

遊玩資訊

交通：預約西貢船家
難度：★★★★
景觀：★★★★
電子地圖：https://ridewithgps.com/routes/22117126

月下海岬

防波堤堰

穿越神削峽

貴妃池絕景

勇闖神削峽

破邊洲是個岬角，因著風浪歷年風化，脫離了岩壁，變成一個獨立小洲，中間的水道被人稱為神削峽，實在十分貼切，要登島必需坐小艇細邊，有相當困難和危險，而且應趁風浪緩和的日子才能登岸，曾經因著評估錯誤，導致輕微擦傷，所以絕不能掉以輕心。

登陸破邊洲

上岸後是崎嶇不平的台階，看見有幾個相連的綠色潮池，那是雨後或潮漲時形成，又像幾個浴缸，稱為貴妃池。抬頭是筆直而整齊的石柱巨崖風琴壁，六角岩紋理分明，一支緊接一支，定眼仰望如瀑布流瀉，很難想像是天然斧鑿的結果。

學多一點

景點密集
這一帶的景點特多，有聖火焚山、香港之心，花山孖洞和十字地標等。

安全第一
細邊活動屬高危，必須由經驗人士帶領。

地質展館
如要詳細了解地質構成，可到西貢巴士總站探知館查考。

風琴巨壁

地貌奇觀火石洲

西貢東南部水域眾島羅列，較大的幾個為橫洲、吊鐘洲、沙塘口山、伙頭墳洲和火石洲，有著東海三大著名的雄偉洞穴，而火石洲的關刀大洞最為神似。

遊玩資訊

交通：預約西貢船家
難度：★★★
景觀：★★★★
電子地圖：https://ridewithgps.com/routes/22117155

關刀大洞

藍天與白雲

隱世石灘 風光如畫

火石洲一點也不小，周邊都是鋸齒般的岩岸，只有幾個地方可安全登陸，船家最常見在島北的海鰍環石灘，盡頭有座尖削如金字塔的小島，名字叫尖柱石，浮在翠玉般的海水，附近的小灣波濤起伏，雪白的浪花四起，到處都是六角柱組成，令人大開眼界，如再繞山路可達另一著名景點：空難紀念碑。

巨岩穿空 別有洞天

島南有很多礁石和崖坡，有大排、二排、三排和欖灣角，欖灣角石壁上穿了個大洞，洞內和洞壁也是六角火山岩，洞口如一把大關刀，鎮守洞內的小浴場，很多人喜歡穿過洞穴後享受泳細的樂趣，這樣奇異的地貌獨一無二。

學多一點

火石洲資料

沒人居住的火石洲是甕缸群島中最大的島嶼，曾經是操炮禁區，也曾發生死亡空難。

紀念郵票

2014年的香港郵票曾以火石洲為主題。

石頭接吻？

從某角度看，鬭刀大洞好像兩頭動物接吻。

崖坡大崩塌

上岸接駁艇

尖柱石和海鰍環

水鄉濃情大澳島

有 200 年歷史的大澳是本地特色水鄉，棚屋建在水中，村民多以捕魚、畜牧或經營小店為生，樸素環境讓人停留在上一世紀，而附近生態和歷史價值奇高，所以很久以前已是郊遊勝地，素有東方威尼斯之雅名。

遊玩資訊

交通：大嶼山巴士 11 號
難度：★★★
景觀：★★★★★
電子地圖：https://ridewithgps.com/routes/22402321

紅樹林鹽田

大澳島最著名景點之一，莫過於綿延的海濱長廊，由碼頭一直伸展至番鬼塘海灘，一家人或情侶可一邊散步，一邊欣賞大澳日落，走過的是舊日鹽田遺址，如今已是生長正盛的紅樹林和濕地生態，雀鳥、寄居蟹和彈塗魚都常出現。要細味漁村風情，深入探索之前必需醫醫肚子，永安街一帶的地道美食必能滿足你，海味店和小食店最多，也有海鮮餐廳供選擇，無論香烤雞泡魚，彈牙墨魚餅，或是冰凍生津的涼茶，足以令人回味無窮。

石埗仔與虎山徑

穿過昔日橫水渡的大澳涌行人橋，是當地人的生活社區，有街市、商店和住宅，所有的公眾設施幾乎都在這裡，有學校、診所、消防局和大會堂等，而且外貌極為簡約，好像回

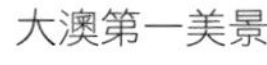

大澳第一美景

海灣三面環山

紅樹林長廊

石埗仔小街

虎山遊徑

飄香海味

到七八十年代，沿石埗仔方向走去，經過大大小小的鐵皮小屋，漁民在門前生曬蝦乾和鹹魚，香味撲面而來。然而續走到洪聖古廟旁的郊遊徑入口，就有不盡相同的感覺， 一個鬱鬱葱葱的小峰叫虎山，栽滿高大的松樹風水林，小徑蜿蜒而過，直達山上開曠的景色，紅色欄柵是海豚徑的特色，一邊面朝海景，亦能展目大澳全景，虎山是其中一個最好的觀景處，離開虎山接寶珠潭的徑道頗難走，必須小心為上。村路連接楊侯古廟和吉慶後街，也可通往特色棚屋和新基大橋，看看漁民的生活文化。走前不妨在吉慶後街吃個豐富海鮮餐，或在茶座點杯香濃咖啡，好好細味這趟風景文化之旅。

學多一點

大澳四獸

村民認為大澳是風水寶地，全因地理上有獅、虎、象和鳳守護，獅即獅山、虎是虎山、象為象山，那麼鳳山在那裡？原來鳳山即是地圖上的尖峰山。

消暑涼茶

來過大澳的人一定喝過特飲紫背天葵茶，因為碼頭附近隨街都有售賣，十多元一瓶的涼茶酸酸甜甜，既可幫助消化亦有清熱作用，行山後喝一喝，特別消暑提神。

自家背包

吉慶街有兩家特色時裝店，是自家設計的環保品牌，有帽子、背囊和銀包。

第七章

8個看日落的山嶺

一般風景相片，若以藍天白雲構圖已很討好，若選擇氣氛更好的日落和夜景時份拍攝，必更能吸引別人細心欣賞，只要天氣許可，以下推薦的 8 個山頭都是絕佳地點。

青山層巒

紅花嶺

元朗有著很多古村，也有很多鄉間面貌，傳統和故事一代傳一代，舊事舊物靠人傳承下來。

遊玩資訊

交通：九巴 76K
難度：★★
景觀：★★★★
電子地圖：https://ridewithgps.com/routes/22278364

山峰相連 軍事殘跡

紅花嶺在牛潭尾，現在已是豪宅盤據的地方，住宅翠巒有水泥路接到舊日堆田區綠化帶，穿過樹林是山墳地段，雖然帶點陰森，但只走5分鐘就能重見天日。走上第一個小崗圓仔嶺頂，感受豁然開朗，面前景色開闊無比，元朗平原和平房景色一覽無遺。沿山脊東走是幾個毗連山峰，每一個都有專稱，大概因為墳地祭祖容易發生火災，把灌木都燒盡了，雨後嫩草快速生長，把整個山坡由灰黑換成青綠。途中在圓石頂有間殘存石屋，應該是軍用建築，因為旁邊有好些深溝戰壕，附近又有現存的軍營，所以紅花嶺昔日是軍事重地不足為奇。

翠綠松林 月影暮色

再上另一山崗，土坡上盡是蒼松翠柏，每株都筆直高參，試過一次拍完日落後，朗月緩緩初升在樹影之間，美得如國畫一張。此地最高的主峰為紅花頂，遠看裝設有標柱，誰知走到頂處，回看走過的山路，在斜陽金光放射之下，山頭輪廓盡現，層層勾勒金邊的山脈彼此扣連，實在是難以言喻的美態。

松影明月

學多一點

舊地訪尋

現今地圖埋沒了很多地名，根據行山前輩的考察和研究，本著有人就有故事線索，口耳相傳，明查暗訪，把結果公諸於世，填補了地理上的空白，如要查考舊地土名，可到圖書館找各區的風物誌，中央圖書館更有舊地圖專區。

平原暮色

人約黃昏

小草隨風擺

側光勾勒輪廓

新名與舊名

牛潭尾背靠牛潭尾山，有人卻認為名字不夠典雅，改成攸潭美。

壁畫村

因著高鐵發展，激發起藝術家和師生，到攸潭美村畫上壁畫，又製作了多個遊覽路牌，定期舉行藝墟和導賞團。

眺望牛潭山

後山樂園

淋坑山

有人說淋坑山是天水圍後山，因為它與密集的住宅區只是一河之隔，天水圍沒有太多的康樂設施，登上這個小山似乎是居民僅有的郊野娛樂。

交通：綠色小巴 35 號
難度：★
景觀：★★★
電子地圖：https://ridewithgps.com/routes/22278387

日照西方

光禿山嶺 遙望海景

這地帶的山頭沙質很重，風一大便塵土飛揚，唯一好處是樹木不能長高，不會阻礙風景，加上西面是廣闊的后海灣，所以在淋坑山賞日落絕對不成問題。登山路線錯綜複雜，可從天水圍幸福山莊那邊起步，或是深灣路的雲浮仙館上山，只需15分鐘便能到達標柱。

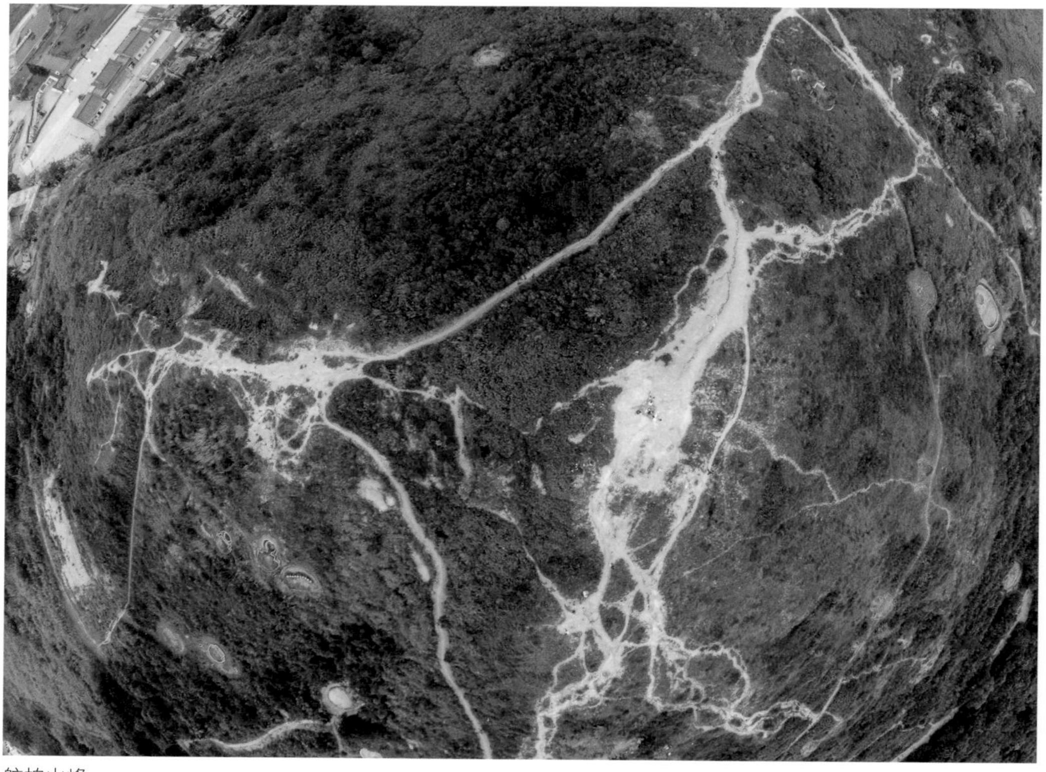

航拍山峰

深圳灣大橋光軌

后海灣暮色

山上風光明媚，遠看天水圍大廈密不透風，好像一幅巨大城牆，淋坑山正好是個喘息空間，另一面有鄉村沙江圍和輞井村，同樣是比屋連甍的平房，西面看到流浮山一帶的蠔田和紅樹林海灣，天清時更能眺望深圳城市，這裡差不多是最接近香港西面的地方了。

後山遊樂場

學多一點

看懂天文台

香港晴天的日子不算多，夏季普遍天色晴朗，留意吹南風時空氣質素更佳，如遇高壓脊是出動的時候，低壓槽的話可留在家中了。

幸福山莊

天影路左轉入輞井村，有釣蝦場和燒烤樂園，足夠耍樂半天。

螢之光

本地生態團常舉辦夏季夜探螢火蟲活動，地點有尖鼻咀和豐樂圍。

天水圍城牆

鄉間平原

鄉野人家**公主山**

新界東北村落零散，沒有高樓大廈，只有荒田和房子，滿眼翠意盎然，在山上看看風景，充份享受鄉間閒情。

萬家燈火

大塘湖村

遊玩資訊

交通：九巴 78K 號
難度：★★★
景觀：★★★
電子地圖：https://ridewithgps.com/routes/22278391

山雖小 路難行

寂寂無名的公主山只是矮峰一座，從馬尾下起步，正常應該很快就能登頂，如果你輕視他就大錯特錯了，因為路況比想像中傾斜，而且雜草很高，本來可以扶著矮樹借力，但一望之下樹枝有不少蟻巢，若誤觸就會惹上麻煩，小心謹慎的話，約半小時才能攀上山頂，然而山下景色值得你付出汗水。

小屋如積木

軍地地勢平坦，看不見高山阻攔視野，沙頭角路兩旁盡是小村，所以公主山上可飽覽全景，吳屋村、簡頭村、嶺仔村和馬尾下村等，好像一塊塊不同顏色的積木，夕陽下立體感強烈，金黃暮色映襯樸素的鄉間景致，給人安逸舒泰之感。

遠眺龍山

群村密集

學多一點

蓮塘口岸
公主山腳有隧道工程進行中，那是由粉嶺公路接駁到香園圍新口岸的基建，預計於2018年落成。

殘破古屋
馬尾下村口有一排尖頂瓦片老屋，也有鄧氏家祠，可以懷舊一番。

孔明燈惹禍
翻新後不久的馬尾下公廁，於2013年因孔明燈墜落而燒毀，二百多萬報銷。

長城之行**杉山**

上水華山山脈綿長，包含多個山崗，由平鞏伸展到虎地坳近 5 公里，穿過打鼓嶺和軍地多條鄉村，景色甚為開闊，不愧為東北萬里長城。

遊玩資訊

交通：九巴 73K 號
難度：★★★
景觀：★★★★
電子地圖：https://ridewithgps.com/routes/22278403

華山軍徽

逆走華山

從虎地坳起步，可經軍用路到第一個小峰桌山，那裡有水庫和操炮區，所以應該份外小心，繼續前行有小樹林，又見晨運客所建的小花園，亦是首個看日落的好位置，山下全是集結村屋和彎曲的梧桐河道，遠望有粉嶺上水高樓，這裡說是北區的天然觀景台也毫不誇張。

餘輝未散

360度平原景致

有時間可續走到大嶺，一邊是練靶場，另一方有狀似積木的恐龍坑貨櫃場，在綠草如茵包圍下，雖是格格不入，但也是個有趣的奇景。下幾個景點馬頭嶺、犀牛望月和松山環境差不了太多，北有簡樸的打鼓嶺鄉村，深圳市坐落後方，南有軍地一帶平房農地，整條路線無論那裡，只要避開高樹，定能找到觀賞暮色美景的位置。

夜幕低垂

學多一點

上水靈山

有說粉嶺區的名字源於華山的大嶺，因當時山上有塊白色石壁，所以又稱粉壁嶺，簡之為粉嶺。

桌山全景

華山軍徽

馬頭嶺和松山之間的草坡，有個約15米 x 15米的義勇軍皇冠圖案，後來竟有報章誤以為是雨傘革命圖騰。

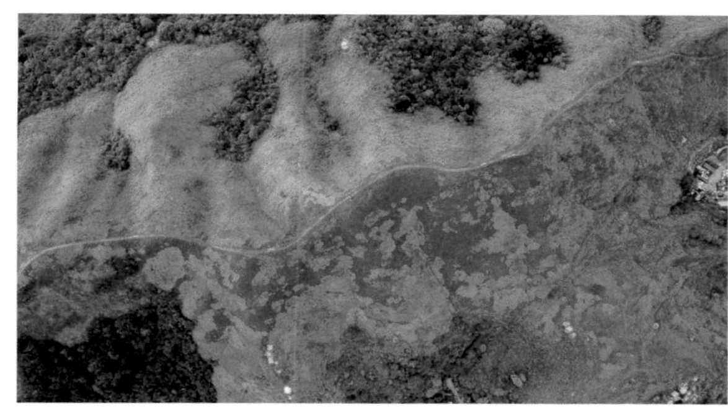

軍路蜿蜒

品嘗齋菜

坪輋路有所道觀叫雲泉仙館，既有傳統齋菜供應，也有夏季荷花和冬季菊花展覽。

北望神州

寧靜料壆村

魚塘滿佈

寧靜邊陲
雙孖鯉魚

新界馬草壟風景優美，路不長且容納位置很大，近年已成日落熱門山頭，然而在它不遠處，有個類似景色的地方，一樣有著醉人夜景。

交通：綠色小巴 51K 特別班次
難度：★
景觀：★★★★
電子地圖：https://ridewithgps.com/routes/22278446

倦鳥知返

單騎之選

踏車到料壆路尾端是孤僻的料壆村，門口有雅緻牌坊和小廟福德宮，數十戶人家居住卻聽不見嘈吵聲，穿過平房和球場見一趣味路牌，亦是分支路的記號，往前走可到邊境中的邊境得月樓警崗，而左轉則可找到上山路口，山腳有好些山墳，聽説雙孖鯉魚就是其中一個墓穴的名稱，放下單車沿小徑上山，10 分鐘就走到頂處，山上風光令人著迷。

深圳咫尺之遙

不要輕看雙孖鯉魚只有70多米，它和沙嶺都是最接近羅湖關口的山頭，換句話是看深圳燈火的絕佳位置，遠看山下有幾個魚塘拼合和蒼翠綠化帶，與背後的城市建築對比強烈，另一邊回看挺立的大石磨，黃昏後及剛入夜的料壆村最為優雅，天空依然微光，村屋裡的黃燈亮起，好像呼喚回家晚飯的感覺，黑夜降臨，深圳河對岸燈火通明，跟香港的鄉村是另一世界。

學多一點

得月樓
邊境站崗有警察當值，只有通行證才可過橋通向羅湖車站。

大水管
在得月樓河邊向南走一小段路，會見到兩支東江大水管，聽説接到牛潭尾濾水廠。

App租車
近月香港試行共享單車服務，以低檔價錢換取低碳生活，利用簡單App就能完成租用程序。

鄉村夕陽

礦城遺址 小馬山

港島的山頭有如天然屏障，由西面的摩星嶺，一直伸延到東面的砵甸乍山，分隔熙來攘往的商業區和綠樹成林的郊野，而小馬山既能看城景，又貼近大自然的地方。

礦場石城

遊玩資訊

交通：綠色小巴 24M 號
難度：★★★★
景觀：★★★★★
電子地圖：https://ridewithgps.com/routes/22278471

港島徑 望南區

畢拉山道有隱密入口，穿越竹林接上引水道，可能因為此處草木太過茂盛，滿臉都會碰到蚊子和蜘蛛，但沿引水道左走一小段，很快就能重見陽光，面前是頗吃力的港島徑5段泥級路，但可一睹大潭水塘南區海景，前方有分支路接港島徑第2段，環視附近有較開揚的平地在石礦場頂部，遠處還有小馬山頂的發射站。

鯉魚門海峽

黃昏礦場遺址

撥開雜草找到有利位置，可以下瞰維港兩岸大廈雲集，不難想像黃昏後的夜景有多漂亮，高地下的礦山佔地很大，細數下有六個層級，而且都是深棕色石壁，看來這個荒蕪了廿多年的石山有過興旺時期。一場來到不要急著離開，這處比紅香爐峰較多站立位置，風景也毫不遜色，特別是天空還未全黑，大廈燈光亮著時，就是最好的良辰美景。

夏日金光

學多一點

港島徑

由太平山到大浪灣的港島徑長50公里，不斷穿插城市和山巒之間，中途亦有很多切入點和退出點，深受市民及團體愛戴。

大小馬

大馬山又叫畢拿山或畢拉山，石礦場就是以此命名。

礦場街

羅禮信、華思域和柏傑都是礦場街道名，是殖民地時代特色。

世界級夜景

魚眼鏡黃昏

氣象萬千

大欖角

香港天文台科技先進，近年在大欖角設置了多普勒雷達站，監察氣候變化，提供更準確的天氣預測。

雷達站

遊玩資訊

交通：九巴 52X 號
難度：★★★
景觀：★★★★
電子地圖：https://ridewithgps.com/routes/22278499

近攝雷達

遠揚海景

美好的天氣

尖端科技 與時並進

大欖海事訓練局對面有迷你天后廟一座，也是雷達站最短的登山途徑，唯需在草叢中找路，路徑亦有點傾斜，所以要格外留神。山路半途回望景色不錯的大欖涌河口，快速公路和臨海景觀盡入眼簾，再走5分鐘便來到山頂平台，面前就是簇新的巨型氣象站，外牆以精緻美觀的麻石拼砌，內裡卻是高科技儀器，這裡算是最能夠近觀的天氣站了。

大欖全景

海灣建築 互相輝映

沿馬路走到斜坡樓梯，有小路登上好景的山頭，整個環境遠揚明麗，適合欣賞晚霞和夜景，火紅日落雲霞滿天，色彩渲染海上，夜幕降臨之際，雷達站燈光亮起，好像尖沙咀太空館，公路光軌襯托小欖村落，美景令人心醉神往。

小欖夜色

學多一點

肩負航空安全

多普勒安裝了高端風切變雷達系統，向機場提供重要的風速風向資訊，提高航空安全。

燒烤樂

山下大欖涌路有大型燒烤樂園，遊玩過後來個豐富晚餐。

水塘排洪

大欖水塘滿溢時，排水浩浩蕩蕩湧入河流，連同大魚一拼沖到涌口，數年前見過這個壯觀奇景。

龍城獨覽慈雲山

慈雲山是黃大仙的一個區域，也是個實體山頭，如果你到過沙田坳道的獅子山，可能不經意錯過了這景觀極為精彩的地方。

遊玩資訊

交通：的士或自駕
難度：★★★
景觀：★★★★★
電子地圖：https://ridewithgps.com/routes/22278548

石級與電視塔

沙田坳道是晨運客和跑步人士常到的路線，獅子亭旁的山坳也是到處貫通的交匯點，有衛奕信徑直達沙田，士多後的樹林有長長石級，可帶你到慈雲山的山頂，沿山脊路遇上幾座建築物，主要都是裝有鑊型天線的電視站，從下而上仰望樓頂頗為震撼。

芒草飄揚

繁華都市

九龍群山對港島群山

煙霞日落

山頂電視塔

下瞰九龍中

電視站安設在地勢優越的位置，要欣賞風景自然不難，人可遠看九龍之首的飛鵝山，右邊是獅子山和沙田風光，天氣和空氣俱佳的日子亦能飽覽港島山頭和大廈，然而最震懾人心的是近處山腳的九龍中部，綿密的黃大仙住宅近在眼前，甚至東九龍市區也能獨覽，拍攝夜景和黃昏的精彩程度，比飛鵝山道有過之而無不及。

獅子山下

學多一點

電視塔

香港約有30個發射站，而慈雲山站因地理位置而成為最重要一環，早前因亞視倒閉，連同政府人員在慈雲山上完成最後交接，正式終止近60年的廣播。

觀音廟

慈雲山又名廟山，全因山腰的百多年歷史的觀音廟所致，聽說是上一輩學校旅行的勝地呢。

晨運園地

沙田坳有士多，附近的晨運園地亦有草地和燒烤場，加上有私家車路接駁，可說是旺中帶靜的郊遊點。

第八章

8個看雲海的山峰

香港山野攝影包含不少題材，有人喜歡拍花草樹木，有的獨愛星空銀河，有些鍾情日出日落，其中最為攝者所追捧的可算是雲海景象，因為香港山勢不高，雲霧也變幻莫測，所以要遇上大規模雲海實在難得。

迷霧夜中環

城景之最太平山

山頂是看維港夜景的最佳位置，兩岸聚集的高樓大廈，晚上閃閃生輝，如加上雲海霧景，實在妙不可言。

交通：綠色小巴 1 號或新巴 15 號
難度：★
景觀：★★★★
電子地圖：https://ridewithgps.com/routes/22509867

雲海小貼士

希望拍得雲海，可留意以下小貼士：雲海多在初春天氣出現，但亦有機會在夏季雨後形成。而凌晨時份至日出前，出現機會比較大。濕度需達百份之九十五以上，緩和風速比較有利雲團積聚。暖和的海洋氣流形成大量雲霧，也是雲海條件之一。

海霧隨風至

航拍雲海

雲霧夜景

山頂廣場旁的盧峰自然步道，是一道青蔥小徑，沿路都是生長蓬勃的樹木，只要走15分鐘就能到達開揚位置，山下盡是維岸兩岸的商業大廈，有時平流霧從海上湧來，流轉在大樓之間，畫面令人震撼，如遇大規模霧氣，只有最高幾座大廈探頭而出，更是奇妙絕景。

露出的塔尖

學多一點

天氣資訊

天文台成立了社區觀測計劃，又設立戶外攝影天氣資訊網頁，幫助我們較容易掌握雲海形成，可參考不同因素如季節、時間、濕度、風速、雲層高度和溫暖氣流等，其中一項高空資料，拍雲海的朋友必會參考。

茫茫大海

霧氣繞山頭

遊玩資訊

交通：九巴 275R 號或綠色小巴 20R 號
難度：★★★★★
景觀：★★★★
電子地圖：https://ridewithgps.com/routes/22509929

群峰錯落黃嶺

八仙嶺是非常有名的連帶山脈，自仙姑峰至純陽峰，景色壯麗開闊，然而毗連景觀有過之而無不及的黃嶺，卻較少人問津。

東北高峰

黃嶺是新界東北最高的一座山，而且路途頗遠，大多數人都是從大尾督起步，直上到海拔500多米的仙姑峰，再走過悠長的山路到黃嶺，沿路風景甚佳，下方是船灣海和吐露港沿岸風光，既能張望八仙群巒錯落，也又能眺望屏風山峭壁的磅礡氣勢。

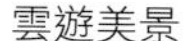

雲遊美景

雨後雲湧

黃嶺的雲海常見於大雨之後，冷冷水滴灑落溫暖的山土，太陽一照隨即起霧，盤踞在山腰之間，濕氣被微風吹拂，翻騰躍動於險脊之上，甚有國內名山大川的風範。

學多一點

高空圖如何看？（附圖）

舉例你身處大帽山，500米以下的紅藍線重疊，代表相對濕度極高，即是雲霧積聚，而你頭上的 紅藍線分得較開，即表示沒太多雲，而且下方空氣較為穩定，你便有機會遇上雲海了。

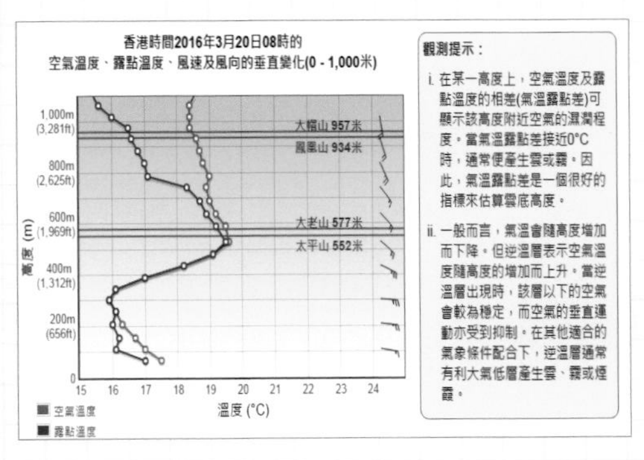

雲霧渺渺

走過千山萬水

遙見屏風山

削坡陡壁大刀屻

大刀屻分南北兩峰，由嘉道理農場伸展至粉嶺和合石，山脊兩旁是無底深崖，但可全覽林村和大埔景色，可算是林村的天空棧道。

遊玩資訊

交通：九巴 64K 號
難度：★★★★
景觀：★★★★
電子地圖：https://ridewithgps.com/routes/22509967

雲掩八鄉

山崖變浴場

嘉道理農場起步，走過連串梯級和植林區，開始進入山勢起伏的路段，幸好如只看雲海，無需全走大刀屻徑，只需走到中部的平緩山脊上，即566米高的標柱前，一般可在兩個多小時內完成。當有幸穿越雲霧之際，霎時視野變得清晰，雲層就在腳下數十米，人似在騰雲

坐看雲湧時

駕霧一樣，一瀉千里的懸崖化成一個巨型泡泡浴場，面前的雲瀑蓋掩了整段林錦公路，實在不可思議。

安全事項

　　這段路高低起伏，天氣熱時異常辛苦，必需量力而為，山高路遠，請帶備足夠水和食物，特別是打算終點為粉嶺，否則沿路回到嘉道理農場。

潮進潮退

需要帶甚麼？

春天時上到高山，一定很冷和大風，因為每升高一百米，溫度下降0.6度，帶備保暖衣物、排汗風褸、帽子和電筒，另外水氣使路面濕滑，請穿上咬地行山鞋。

削壁浪打

雲浮雞公嶺

紫醉金迷

迷霧夜色東山

除了大帽山，最方便駕車或乘的士到達山頂的地方就是東山，一下車就能到位，一面向西，另一面向東，看日出和夜景也是一流的。

浪濤泊岸

遊玩資訊

交通：的士或自駕
難度：★
景觀：★★★
電子地圖：https://ridewithgps.com/routes/22510001

觀景瞭望台

飛鵝山道路邊是東九龍一帶的住宅區，大廈密不透風，夜景卻引人注目，另外在涼亭穿過木門和石級是向著東面的小山頂，展目清水灣道兩旁的尖風山和鶻鵠山，也可遠瞻西貢內海的村屋

和海島，亦能遠觀黃牛山和水牛山，還有象山和飛鵝山真身。

東邊醉人月色

晚上觀景台夜色淒美，溫暖氣流從西貢海吹進山谷，雲霧輕輕四滲且愈積愈厚，被月亮光華照得亮麗，長曝之下更如白晝，山下的燈火半穿透雲團，散出淡淡昏黃。而台下另一邊的九龍晚色雲海，同樣優美醉人。

餘輝漸退

學多一點

月相

天文台網頁可查出月出月落時間和月相，也有實時全天影像攝影機，24小時看到天空情況。http://www.weather.gov.hk/gts/astronomy/astro_portal_uc.html

月下浮雲

迷霧城市

雲彩與雲海

萬重山脈東洋山

如果去厭了飛鵝山觀景台，可以試試飛鵝山道另一邊的東洋山，景色同樣遠大壯闊，而且可以近距離觀賞九龍山脈之美。

遊玩資訊

交通：的士或自駕
難度：★★
景觀：★★★
電子地圖：https://ridewithgps.com/routes/22510033

驚濤一攝

山水環抱

自駕或的士到達基維爾營入口，木牌前有明顯登山徑，走入衛奕信徑四段，雖然傾斜卻是路短，20分鐘便找到破爛的山頂柱躉，面臨西貢市景和海景，四方八面山峰圍繞，水牛山、大老山或象山，全都看在眼裡，這個好位置看日出沒有難度。

群峰未淹

晨光初露

山上需要擋風衣

東洋山是較少人拍雲海的地方，但優美程度絕不比下去，看過旭日從遠山攀升，浮在層層雲瀑之上，本來藍調的天地轉成絢爛火紅，雲浪衝擊山坡，有如波瀾拍岸，此刻美好風光無價。

西望迷城

日出霧海

學多一點

九龍群山

分隔九龍和新界的九座山峰，包括飛鵝山、象山、東山、大老山、慈雲山、雞胸山、獅子山、畢架山及鷹巢山。

流螢光影

東海霧至

玄妙佛景

雄偉壯麗鳳凰山

鳳凰山不但峰高挺拔，地勢遼闊，而且在城市裡看到的天空和山脈常常蓋著灰色，鳳凰山卻是天藍草綠，讓人看得舒服，感覺清新。

遊玩資訊

交通：新大嶼山巴士 23 號
難度：★★★★★
景觀：★★★★★
電子地圖：https://ridewithgps.com/routes/22510074

迷離南天門

居高臨下

天梯考驗耐力

由昂坪和伯公坳登鳳凰山都甚吃力，幾乎全是直上的梯級，邊走邊休息需要兩小時抵步，但山上景致壯麗非凡，一覽眾山小的感覺令你不枉此行，鳳凰山山體甚是廣大，翠綠林野遍地，怪石奇岩眾多，尤以羅漢塔最為突出。

流螢雲海

入夜後雲霧從海湧至，淹浸山坡樹林，及後愈升愈高，期望不是高過你身處的地方。有次正當目擊飄渺雲海形成之際，忽然草堆發出綠色閃光，拖出長長的光跡，細心觀察下原來是螢火蟲飛舞求偶，數十只小精靈川流不息，點亮黑漆漆的荒野，令人驚喜若狂。

學多一點

鳳冠南巖

鳳冠指鳳凰山頂，南面岩石隱陵集中，由南天門至斬柴坳，被稱為南茶棧道及雙鼠棧道，神秘莫測，曲折難行，沒經驗者切勿獨闖，應由專人帶路，確保安全。

美好天氣

雲海之巔 大帽山

座落於中部的第一峰大帽山，佔地極其廣闊，山勢雄偉不凡，視野冠絕群山，幾乎可以飽覽半個香港。

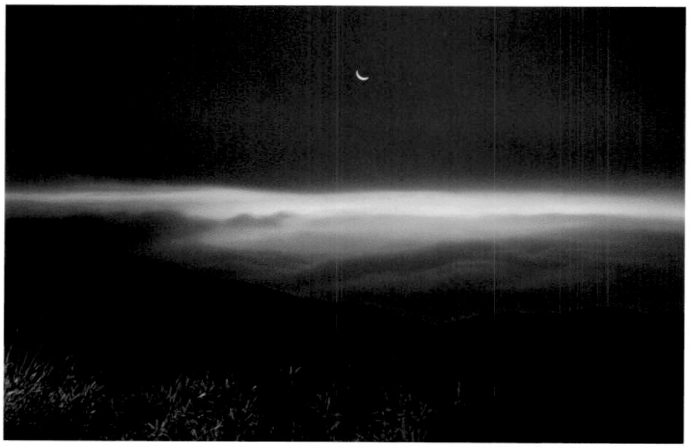

月照迷雲

交通：的士或自駕
難度：★★★
景觀：★★★★★
電子地圖：https://ridewithgps.com/routes/22510124

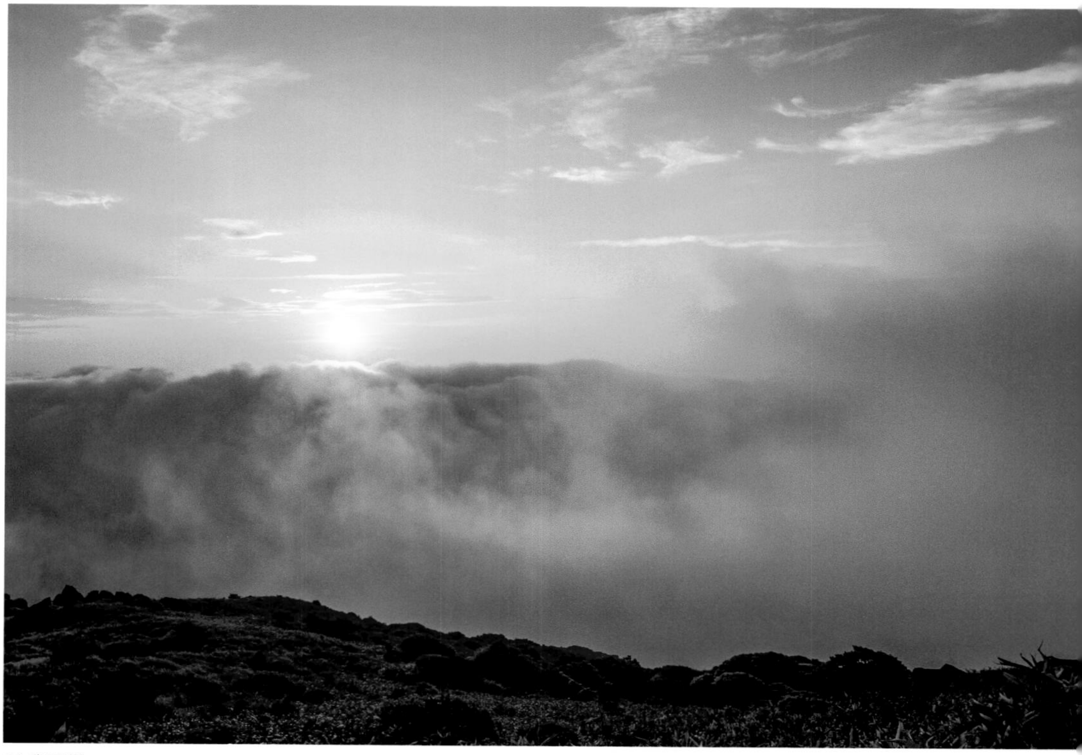

日升霧散

琉璃夜色

路線繁多的大帽山平易近人，的士可直達半山禾塘崗閘口，可以鳥瞰整個八鄉和錦田盤地，所有的建築都是矮小平房，日落後燈火漸明，彷如地上的繁星，霧氣重的日子，經常看到觀音山和大刀屻之間凝聚一片白色雲霧，慢慢向盤谷流瀉，加上民居的燈火照亮呈半透明，好像夜色琉璃，甚為好看。

金光普照

雲海拍岸

如果循麥理浩徑可輕鬆走到山頂，東臨視線無遠弗界，大帽山地勢使然，只要風速不猛，濕度夠高，是最有機碰上雲海的地方。看過濃霧鋪蓋山下萬物，只有馬鞍山和草山等露出頭來，雲層是海，山頭是島，波浪緩緩翻波，精彩影像教人難以忘記。

雲彩亂舞

學多一點

雷達站

天文台氣象站有全球先進雷達系統之一，功能是準確地探測雨量的大小、颱風的強度及位置，更能用立體圖像顯示風暴四周及內裡的結構，也能計算出空中不同高度的風速風向。準確地把握風暴的路徑和強度，為市民提供及時的警報。

眾山之巔

月照荒野

星空漫遊 大東山

漆黑的大東是向來是賞星勝地，攝影師們追星逐夢，但如果星空配上雲海美景，必讓人心醉神往。

出岫閒雲

交通：新大嶼山巴士 23 號
難度：★★★
景觀：★★★★★
電子地圖：https://ridewithgps.com/routes/22510160

石屋寒山

偏遠靜默

大東山位置僻遠，寂靜無聲，可能大多數喜愛自然的人都不愛喧嘩，多以心靈感受萬物，所以提醒大家放低聲浪，盡情享受。大東山有三景，一是夏季日落，二是秋天芒草，而第三就是最令人讚許的春季雲海絕景，尤其在半夜或早晨時，雲海較易出現。

感動一刻

如果你很幸運地遇上雲海，你當然希望把它最美一面捕捉下來，雲海是流動的雲霧，若你以較長的曝光，它就會變得柔軟如棉。但若

捲浪重重

飄渺鳳凰

水雲流瀉

果它流動得較快，你可用較快的快門拍攝它翻騰的樣子。大東山的爛頭營石屋是此地靈魂，拍攝霧必把它融入畫面，也要攝入互相交纏的山脈。

學多一點

高空氣球

天文台的高空資料是來自一套無線電氣球裝置，叫作自動高空探測系統，每天約在08:00和20:00在京士柏放出，透過無線電接收氣象數據。由於一早一晚的資料並不覆蓋24小時，所以天氣在這段時間出現變化的話，都會可能令你錯過雲海。

第九章

4個航拍特色美景

要數航拍歷史，第一個攝影師是1858年駕著熱氣球在法國巴黎上空拍攝的。後來有人使用更多不同工具如鴿子、飛機、飛船、風箏和降落傘等拍攝，但因成本效益和可靠性，一直未能成為主流，直至近年出現了平價的航拍一體機，迅即成為消閒熱潮。現在技術高明，航拍機可以定位、回航、自拍、追蹤目標，以居高臨下的視角鳥瞰世界，為攝影界帶來無比震撼。

拍攝安全是航拍的第一課，請細讀民航處指引：

- 重量不超過七千克的無人機需向民航處申請牌照。
- 不得在機場交通區域或任何機場5公里範圍內操作。
- 不得在維港兩岸等鬧市操作。
- 起飛及降落時，不得在任何人士上空或其30米範圍內飛行。
- 不得裝載危險物品及投下物件。
- 放飛高度不得超過地面以上300呎。
- 必需在視線範圍內操作。
- 不得在晚上操作。

4段生態路線遊

雖然香港是地產之都，但郊野公園仍佔七成面積，所以尚可以看到很多不同生態。話雖如此，香港的自然環境正在一點一滴地消失，需要我們合力保護。

清水灣俱樂部

臨海美景

清水灣

清水灣半島靠山面海，景色優美動人，到釣魚翁賞景固然吸引，然而使用航拍機居高臨下，窺看廣闊的海灣景色也是不二之選。

高爾夫小池

遊玩資訊

交通：綠色小巴 103 號或巴士 91 號
難度：★
景觀：★★★★
電子地圖：https://ridewithgps.com/routes/22306988

廣闊海景球場

遊艇避風塘

三山兩灣一布袋

清水灣半島地勢起伏，有大嶺峒、田下山和釣魚翁三座大山，兩個海灘水清沙幼，旁邊有布袋澳漁村和石尾頭海岸，都是航拍的好題材。現場有兩個地方較為空曠適合起機，一是清水灣停車場，二是高爾夫球場閘口停車場，檢查GPS訊號和較正指南針後，遠離人群便可起飛。

俯視田下山

航拍俱樂部

大坳門路尾的清水的高爾夫球場位於南堂頂，一個原本百多米的小山被削去一半，重新鋪上草被，變成綠草如茵的綠化區，園內有多個球道和一些建築，亦有如公園般的小水池及椰林樹影，好比一個與世無爭的隱蔽小嶼。臨東海灣和寶鏡頂圍成避風塘，有堤壩和碼頭，停泊著藍白色的遊艇，這些特色景物都可被航拍機一一囊括。

學多一點

清水灣俱樂部

高爾夫球場是私人會所，1982年政府以租約方式批出，入會費相當驚人。

大廟和古蹟

俱樂部入口有小路抵大廟灣，那裡有佛堂門天后古廟和南宋石刻。

布袋澳美食

海鮮酒家由當地人經營，供應新鮮味美的海鮮大餐，價錢比西貢市平得多。

曙暮暉美景

城鄉一步之遙

吳屋村魚塘

豐樂園

新田

天空之鏡
元朗魚塘

近年大家對湖水反照的天空之鏡十分追捧，我們認為最美的天鏡就在元朗一帶的新田、甩洲和豐樂園等魚塘。

遊玩資訊

交通：豐樂園：綠色小巴 74 號；
新田：綠色小巴 75 號
難度：★
景觀：★★★★
電子地圖：
豐樂園：https://ridewithgps.com/routes/22307029
新田：https://ridewithgps.com/routes/22307089

圍城外望　候鳥樂土

豐樂圍在天水圍石屎群的東面，只要從元朗工業村入吳屋村就能抵步，那裡的魚塘佔地極廣，一個接著一個，中間被基圍分隔，高處看好像蜂巢似的，圍內的濕地是水鳥棲身處，亦是候鳥遷徙補給站，這樣醉人的景觀，難怪被財團覬覦，早已買下留待建樓了。

魚塘棚屋

新田魚塘　賞心悅目

另一處魚塘集中地在新田和米埔，這裡不同之處是魚塘北面是深圳福田區，即是拍攝時可以把樓景納入構圖，簡樸漁鄉和繁忙城市形成對比。另外新田一帶有新田村路和惇裕路連接，自駕的話極方便，泊好車便可隨即放機，留意附近有幾條古老的村莊如仁壽圍、東鎮圍和安龍圍，村內充滿古蹟文化，值得仔細探索一番。

學多一點

文氏大家族

新田最大族姓文，是當年開村的原居民，亦是宋朝文天祥的後人。

大夫第

這是曾高中進士的文頌鑾之家，已是光緒時代（1886年）的歷史，建築中西合璧，亦對外開放。

藍橋

惇裕路北行有香港唯一藍色大鐵橋，建在河道之上，接駁世歌路到落馬洲關口。

圖說

文氏大家族

盤纏山脈

高飛遠走

彎曲山脈**蛇嶺**

香港境內最少有三百座山峰，集中在西北的小山亦不計其數，論山脈最為優美的，邊境上的蛇嶺必定榜上有名，尤以航拍取景最能體現山之美態。

遊玩資訊

交通：專線小巴 51K
難度：★★
景觀：★★★★
電子地圖：https://ridewithgps.com/routes/22307119

山脈顛簸　曲折迂迴

進入馬草壟路後，在罐頭形軍房下車，步入村間小路見到中片田野，前行穿過茂密的荔枝林和墳地，找到登山入口。蛇嶺另一特別之處，就是昔日禁區的尖刺籬笆，如今頓成鏽蝕殘跡，依附在曲折蜿蜒的青翠山脈上，人走在其中感覺豁然開朗。經過連串起

伏的山坡後看到標柱，那裡景觀別有天地，放眼四野毫無阻擋，環視四周秀美風景，山下村落如鐵坑村、石仔嶺和河上鄉等巨細無遺，也能看到大石磨、馬草壟、雙孖鯉魚等山頭。

構圖和技巧

在山頂向西望是遼闊翠綠的河套濕地，亦可遠觀蠔殼圍漁塘和矗立的摩天大樓，夏季紅色山稔長滿山坡，風景美得難以形容。日落黃昏亦是拍攝重點，當和暖色彩漸漸把天地染黃，所有景象成了電影般的場景，就是最目不暇接的時刻。拍攝時不要只對著天空，多以地景山脈構圖，如光差太大，可使用航拍專用漸變灰濾鏡，亦可用內置包圍曝光，其後在電腦合成。

學多一點

古洞北發展
政府的鄉村發展大計已經通過，將集中在鳳崗山和東方村一帶建樓和鐵路，預計首批居民2023年便可入住。

鄰近小山
蛇嶺標柱若向西行，可到同樣精彩的鐵坑山，終點為落馬洲警署。

展能營地
馬草壟路經東華三院展能運動村，可參加歷奇訓練或親子遊樂活動。

邊陲地帶

深圳夜景

鄉城對比

舊日藩籬

山青水秀斬竹灣

遊玩資訊

交通：九巴 94 或 96R 號
難度：★
景觀：★★★
電子地圖：https://ridewithgps.com/routes/22307153

山青水秀斬竹灣

西貢碧波澄清、山青水秀，素來是行山熱門地，如以航拍手法表達如畫風光，必定拍出引人入勝的照片。

早禾坑內灣

大網仔路的早禾坑碼頭沒甚阻擋，景觀非常不錯，適合航拍海景，此帶海域風浪不高，所以群集了水上活動訓練中心，每逢風和日麗的天氣，揚帆出海的船隻特多，有獨木舟和滑浪風帆，也有船河遊艇，高空下盡是小小白點，配合灣岸曲折變化，背後山頭怦然隆起，依山傍水的畫面垂手可得。

優美斬竹灣

北潭涌遊客中心前的斬竹灣是

最佳角度

小艇川流不息

輕巧航拍機

淺水泥灘，公路沿海而建，除了斬竹灣村有較多村屋外，其他都是零散雅宅，波瀾不驚的海灣翠綠如玉，人像置身外地小島，難怪多有渡假營舍如白普理和保良局。灣後有土名大王爺墩的太墩山，平時要登上濕滑的山脊才能遠眺斬竹灣全景，現在航拍機可以輕鬆代勞。

小小龍船

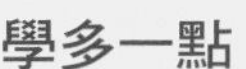

學多一點

西貢島嶼

全港約有230個大大小小的島嶼，而西貢區已佔80多個，其中一些細小得只能容納幾人，通常稱為「排」和「石」。

太墩山也變小

紀念碑

過了大網仔青協營，路邊有烈士碑，紀念抗日捐軀的游擊英雄。

郊遊秘點

沿大路下走可到隱密的露營草地，有枱椅和樹蔭，人少而寧靜。

平靜西貢海

螢火飛舞

螢火蟲之家**沙羅洞**

雖然沙羅洞螢火蟲在港不是獨有，但數量之多實屬罕見，這裡從來都是爭論不休的地方，近日政府宣告最新計劃，把大型建樓項目遷離，希望可以為這土地帶來平靜。

黃花戀人

遊玩資訊

交通：的士或自駕
難度：★★
景觀：★★★★
電子地圖：https://ridewithgps.com/routes/22341888

草原螢火閃閃

沙羅洞沒有公共交通，如果從汀角路山腳起步，需要花40分鐘才能到達，所以除了行山人士，你不會看到其他人。螢火蟲愛靜也愛水，半濕的草坪就是牠們的安樂窩，夏天和秋季日落後，就是螢火蟲出動的黃金時間，黃綠色光芒閃閃躍動，光影軌跡流轉花間。牠們的壽命只有數天，活躍地四出求偶，發出生命最後的光輝。

千夫所指油菜田

有300年歷史的張屋，村內唯一戶主堅守家園近40載，伴隨的是頹垣和荒田，近年油菜花田事件鬧得沸沸揚揚，卻埋沒了一段不公義的故事，原來數十年前發展商已向村民成功買地，交換條件是承諾建屋給居民原地安置，後來財團卻食言，甚至曾計劃興建骨灰龕，看來村民安居樂業的美夢永遠不會實現。

學多一點

淡水濕地
沙羅洞是香港少有的淡水濕地，有利多種的蜻蜓和蝴蝶生長繁殖，已被列為具特殊科學價值地點。

無人荒村

流水涓涓

點點光華

山水豆花
村內士多提供涼茶、汽水和豆花，亦可預訂正宗客家菜。

螢火蟲品種
不知道原因，沙羅洞螢火蟲近年愈來愈多，錄得超過一千隻，以邊褐端黑螢為主，其次是窗螢。

小小蜻蜓

蝶戀花

最美海灣
榕樹澳

海岸濕地是本地生態的重要源頭，多樣性生物可以覓食和棲身，熱門地點有白泥、流浮山和沙頭角等，當中榕樹澳海灣水質和景觀最好。

遊玩資訊

交通：的士
難度：★★★
景觀：★★★★
電子地圖：https://ridewithgps.com/routes/22341917

醉美海灣

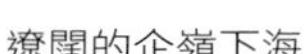
遼闊的企嶺下海

方氏成氏客家村

榕樹澳村雖遠但並不孤寂，村內房子約90家，大家都眷戀對出的美麗海灣。西沙公路轉入單程馬路，不走一會已看到企嶺下海碧水連天，沿路有好些郊遊點，約走60分鐘便走到村前草地，放著一些帆船和小艇，再經過野戰場的小路就去到海濱。

灘岸小蛇

優先保育地

榕樹澳紅樹林長得生機勃勃，泥灘淺水而廣闊，水退時更露出大片海床，除了較常見的彈塗魚和招潮蟹等海上生物，另外還有棲身於小溪的香港鬥魚，陸上昆蟲則有三角麗翅蜻，以及幾種稀有蝴蝶如侏儒鍔弄蝶和穆蛺蝶等。而鳥類則有罕見的蛇鵰、小鴉鵑和綠翅金鳩。如此豐富的生態環景，怪不得漁護署把榕樹澳列為十二個優先保育地之一。

學多一點

石器出土文物

榕樹澳北面的山頭黃地峒，有香港最老的考古遺址石器製造場，已被挖出數千件手斧、尖錐和雕刻器等石製品。

燒烤茶座

村口有露天茶座可以歇息，亦可來個燒烤樂。

釣魚區

香港有兩個魚排被漁護署選定為休閒垂釣點，一在西貢滘西灣，另一個在榕樹澳。

瀕危的樂土南生圍

南生圍最為人熟悉的可能是那條原始木橋和赤桉樹林，其實也是魚塘大本營，亦有全港唯一以人手拉動的橫水渡，濕地叢林擁有不同類的自然生態。

交通：九巴 76K 或的士
難度：★
景觀：★★★★
電子地圖：https://ridewithgps.com/routes/22341962

必到木橋景點

敬輝農場荷花池

敬輝農場

南生圍陸路入口在青朗公路橋底，是一條闊落的單車徑，圍網後的小屋是敬輝農場，入內方發覺另有天地，原來裡頭是所美食餐廳，多招待本地旅行團午膳，對開有魚池和地道食品小賣部，也有羊圈可以餵食，而最令人驚訝的是那個大型荷花池，中間有小木橋貫通，人可以走到水中央，欣賞四方八面的睡蓮和蘆葦海。之後騎著單車可以很快來到中段的大草坪，那是個寬敞的遙控車競技場，有人卻鍾情放模型飛機，或是在綠草上野餐，真是各適其適。

赤桉林徑

轉入樹林找到殘破木橋，聽說由一位叔叔自發維修，方便了其他遊人。沿高大的赤桉樹徑走，人感覺輕鬆涼快，到達盡頭有另一士多，亦是一個小渡頭，要過河到另一面必需乘手拉木船，是南生圍最大特色之一。士多老板說，夏天雨後黃昏，會有大量螢火蟲飛舞，穿梭於魚塘邊的草叢，偶然也有蝙蝠飛過，其實在河道上的泥島，經常雀鳥成群，其中候鳥黑面琵鷺最矜貴，是瀕危絕種的類別，另有白鷺和水鴨等，嚴如飛鳥動物園。

雀鳥樂土

候鳥安歇站

赤桉樹林徑

學多一點

河裡小傢伙

南生圍的山背河，曾出現過一條鱷魚，後來政府請了澳洲專家捕捉，現放置在濕地公園。

農家菜

敬輝農場不但有豆花和燒烤外，最著名還有地道農家菜，例如鹽燒烏頭和客家鹹雞。

甚麼是圍？

元朗有很多以圍命名的地方，如大生圍和蠔殼圍，其實圍是指魚塘的基圍。

蝴蝶大觀園 鳳園

因地理和風水緣故，村民把後山看成鳳凰展翅之形態，順理成章地把小村命名鳳園，這個擁有全港蝴蝶八成種類的地方，由環保協進會管理，是最受歡迎的蝴蝶之家。

交通：專線小巴 20P
難度：★
景觀：★★★★
電子地圖：https://ridewithgps.com/routes/22342008

昆蟲花園

整體生態評級排名第四的鳳園，離市中心只有2公里，是交通十分方便的著名觀蝶位置，園內蝴蝶品種特多，不常見的種類也有50多個，以裳鳳蝶和燕鳳蝶最有觀賞價值。除了蝴蝶，園內尚有其他昆蟲，蜻蜓、蜜蜂、草蜢、毛蟲和蜥蜴也十分常見。鳳園入場是免費的，想支持環保工作的話可以交費入會或捐款，使他們有足夠資源營運。

一點感受

近年有大型私樓進駐鳳園，工程期間的噪音和塵土影響了蝴蝶生態環境，無獨有偶，以上所寫的四條生態路線，甚至郊野公園，不約而同地受著發展的威脅，似乎地產與自然永遠處於對立，一般人不夠關心或沒

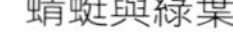
蜻蜓與綠葉

有話語權，對這等事情不聞不問，幸得環保團體積極介入，我們才能得知其深處影響，期望香港人為香港事發聲，多表達意見，使我們下一代也能欣賞美麗的蝴蝶。

好像眼睛的斑紋

學多一點

導賞團

鳳園每月的最後一個星期日上午，都會舉行蝴蝶節，有攤位遊戲及生態導賞。

蟬鳴不斷

園內設施

除了蝴蝶園外，鳳園還有訓練室、展覽廳和蜻蜓池。

公園之最

發展商所建的芊色公園不對外開放，幸好不遠處有長年開放的大埔海濱公園，亦是全港最大的公園，除了單車徑、回歸塔、遊樂場和大草地外，尚有多個主題區。

山指甲最吸引蝴蝶

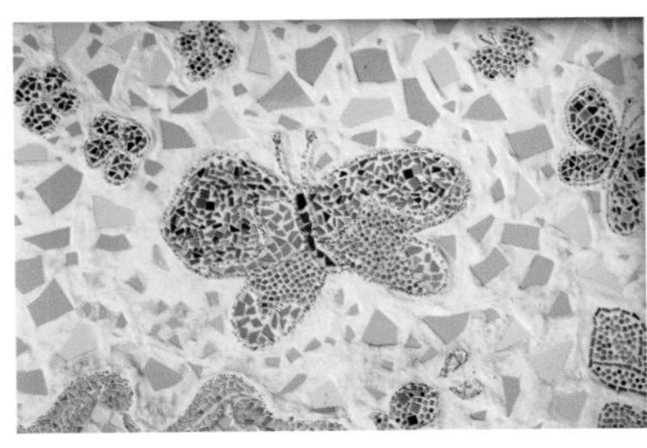
另類花蝶

攝影師如戰地記者

第十章

8種親子學習的自然現象

香港人生活忙碌，每天應付大量工作和交際，沒太多時間認識我們的天空和土地，但只要你肯花點時間觀察，細心欣賞身邊事物，總能發現它的美善和變化，小朋友對世界充滿好奇，每件事都想找出原因，藉著以下一些自然現象，可誘發他們的興趣，啟發思考空間。

佛光 (Brocken Spectre)

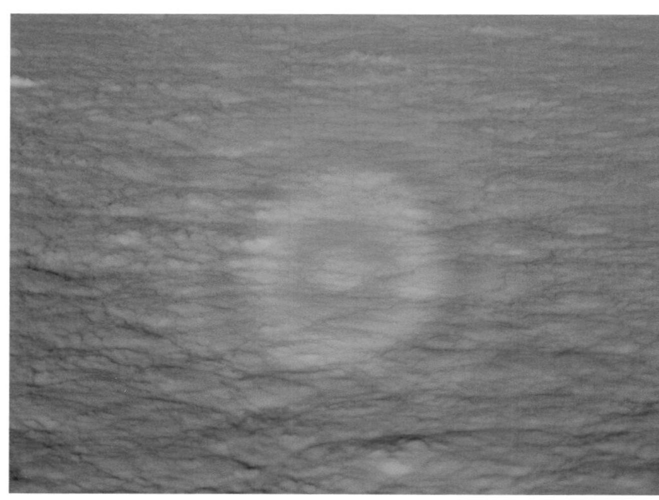

迷魂陣

佛光是個彩色光環，成因比較複雜，概略而言是陽光透過水點反射及衍射後形成彩虹環的光學現象，而且光亮區的中心經常包括觀察者本身的陰影，有如幽靈鬼影一樣。觀察者要站在高處和背向陽光，面前要有均勻水滴的雲霧，當陽光在背後照射，人影就會成一直線地投射在雲霧上的彩色光圈。同一原理，乘搭飛機也會有機會看到下面的雲頂，有彩光包圍機身影子的現象。佛光在歐洲稱為布羅肯奇景，因為德國布羅肯山常出現此現象。

真正航拍

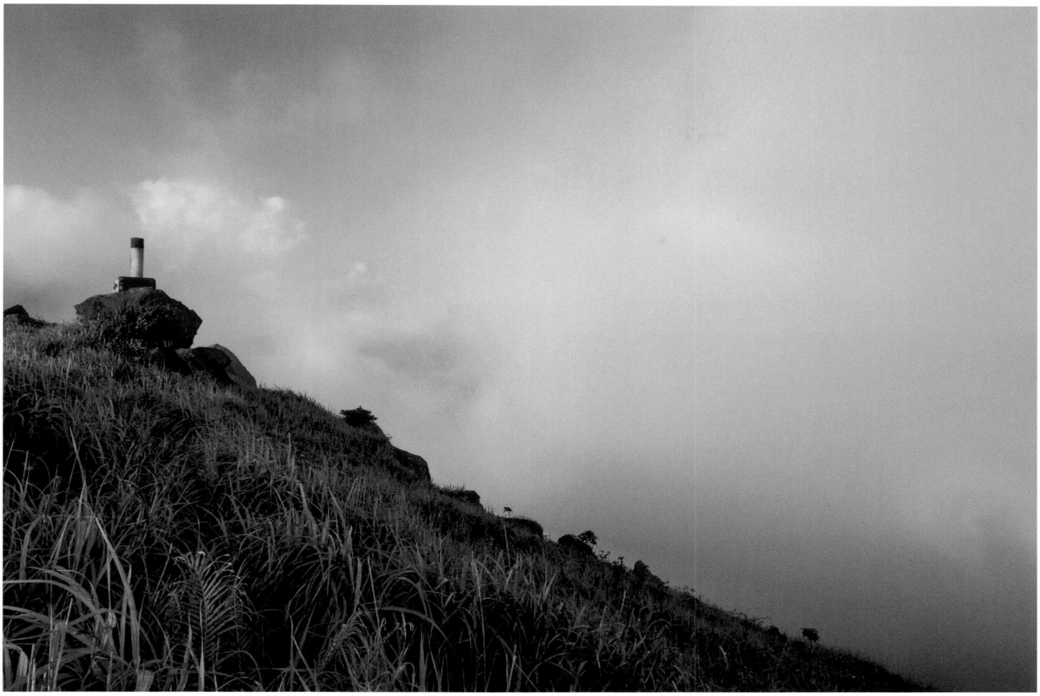

蓮花山上看佛光

注意事項

看到佛光的時間多在早上或傍晚，雲霧使環境潮濕，觀察者也要站到高位，所以必需注意安全。

拍攝要點

減EV以得到較深色的圖像，多些把現場環境納入構圖，例如山坡，石頭或花草。

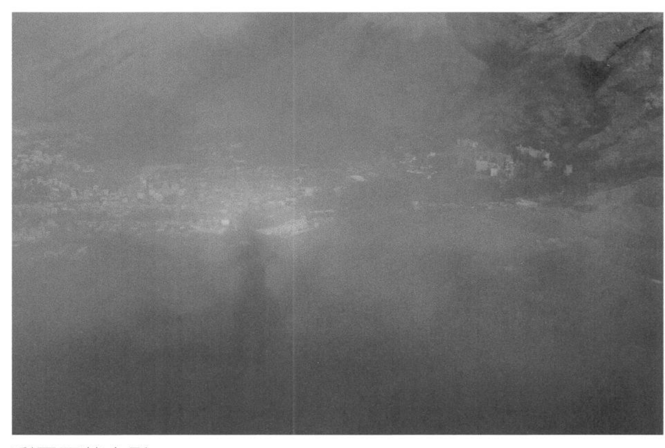

彩圈圍著人影

如果在飛機上，太陽從左面高處照射，飛機下有接近的雲層，你坐在那邊才有機會看到佛光？
（答案在本章最後一頁）

藍眼淚（Blue Sand）

漆黑的晚上，海浪拍打岩岸，發出幽幽藍光，好像會發光的沙粒，腳踏又會出現光亮的腳印，這樣神奇的藍眼淚原來是由夜光藻（Noctiluca scintillans）組成，因為它們具有螢光素，受到外在刺激時就會發出螢光，然而這些海藻往往與紅潮一同出現，所以藍眼淚可能是污染的警號。藻類本身不含毒性，但大量繁殖會搶走水中氧氣，可能令行動緩慢的生物缺氧而死，造成一定污染。香港大埔三門仔出現的藍眼淚，主要令水質變差原因，是吐露港內海有較多養魚區，亦與小型丁屋排污問題有關。

注意事項

晚上在海邊活動有一定危險，務必留意潮汐漲退，安全至上。如地點接近民居，敬請保持安靜，以免造成噪音。

拍攝要點

使用腳架，以長曝方式拍下微弱的藍光。

藍色海岸

考考你 2

如果在日間看到海水呈紅色，晚上可見藍眼淚出現嗎？
（答案在本章最後一頁）

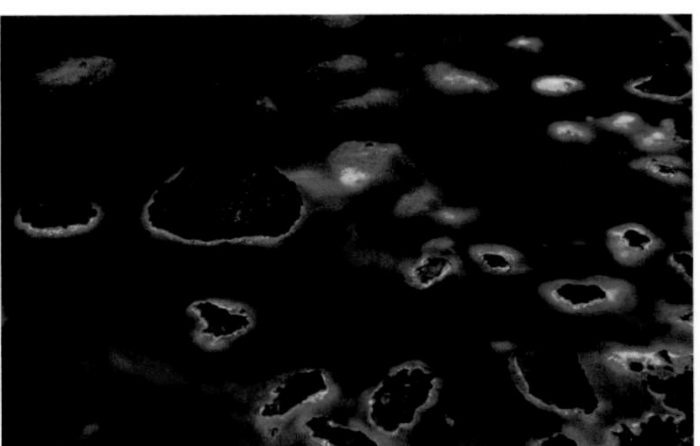

幽幽閃光

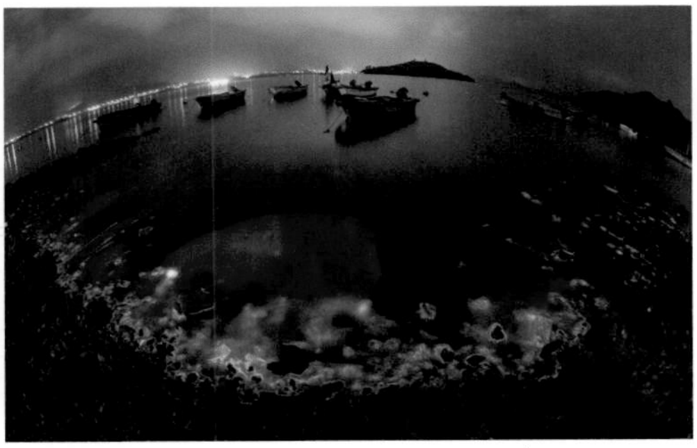

三門仔灘岸

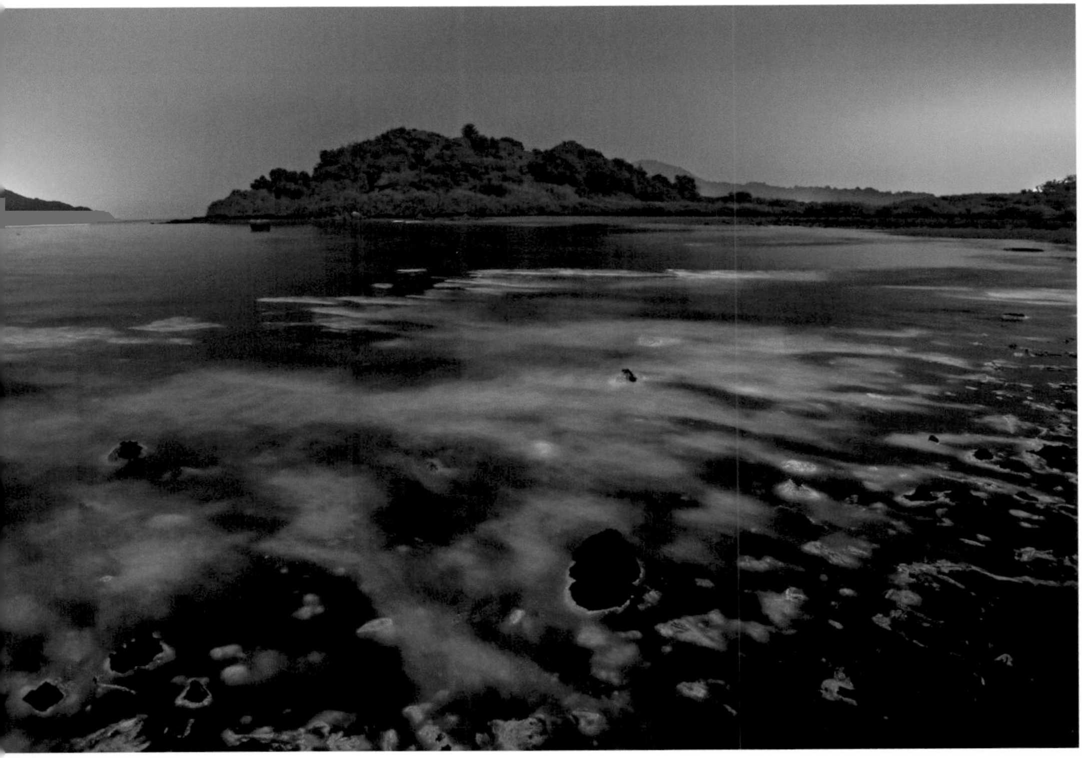

隨浪閃閃生輝

曙暮暉 (Crepuscular Rays)

九龍坑山曙暮暉

曙暮暉是雲隙光一種，在日出或日落時份，太陽底至地平線以下，陽光被巨型物體如建築物、山頭或高聳積雲阻擋，就會在天空留下一明一暗，一橙一藍的間隙，稱為曙暮暉，如果光束射到頭上，甚至背後，去到太陽的相反方向，就稱為反曙暮暉（Anticrepuscular rays），通常在極晴朗天氣下才會出現。曙暮暉是以平行直線方式射出，只因人眼看遠的東西較小/窄，看近處較大/闊，情形就像

大生圍反曙暮暉

新田曙暮暉

看火車路軌是遠窄近闊，另外，曙暮暉在不同時間和角度出現，會有不同稱呼，分為民用曙暮暉、航海曙暮暉和天文曙暮暉三種。

拍攝要點

留意天地的光暗，不要天空過曝，地面太黑，可以搖黑卡拉近光差。

注意事項

在晴朗無雲的日子，應做足防曬功夫，避免灼傷和中暑。

日出前時份，西面的曙光叫曙暮暉還是反曙暮暉？（答案在本章最後一頁）

西至東的曙暮暉

閃電 (Lightning)

閃電主要分雲中閃和雲對地兩種，當積雨雲中氣流強烈上升，雲中的水珠和冰粒便會分裂而產生電荷。一般來說，積雨雲的上部帶有正電荷，中下部帶負電荷。當正負電荷之間的電壓超過某臨界值時，就會出現放電的現象。閃電有如一把閃閃生輝的利劍割破長空，帶來視覺和聽覺的震撼，如果加上城市夜景襯托，可以拍出極具衝擊的畫面。此外，外國有些特別閃電例子，冬季下雪時也可能出現閃電，這種頗罕見的現象稱作雷打雪。火山爆發或原子彈爆炸時產生的蘑菇狀雲，亦可能產生閃電。

注意事項

拍閃電一定要注意安全，請留在室內或有蓋建築物內，閃電的來勢和密度資料可參考網上天文台雷達影像。

拍攝要點

因應現場環境，一般設定都以光圈F6到F10，快門3秒到10秒，ISO不用太高，200到800就可以，關掉防震功能，用腳架穩定相機，設成連拍模式，這是懶惰卻又有效率的方法，回家後才慢慢揀選拍中閃電的相片。

維港閃電

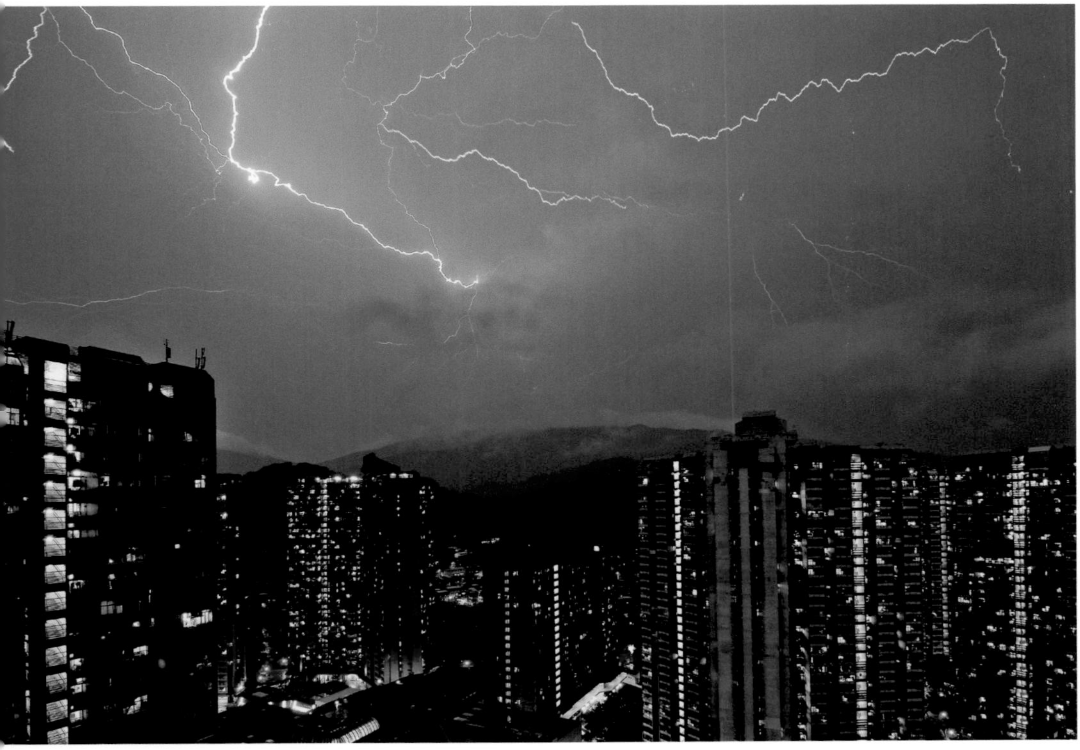

家門外雷霆萬鈞

雷神怒劈山頭

雲中閃電

考考你 4

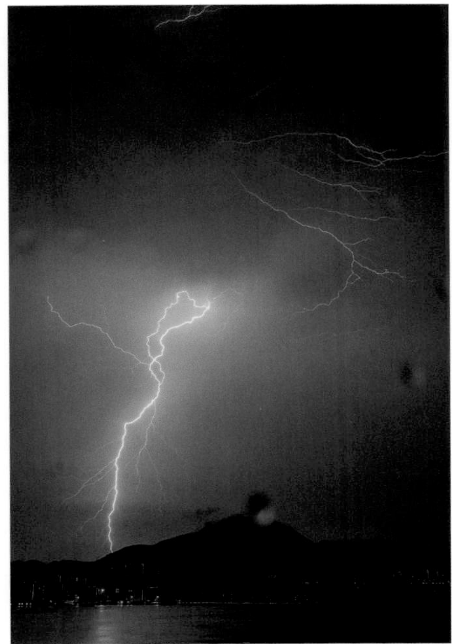

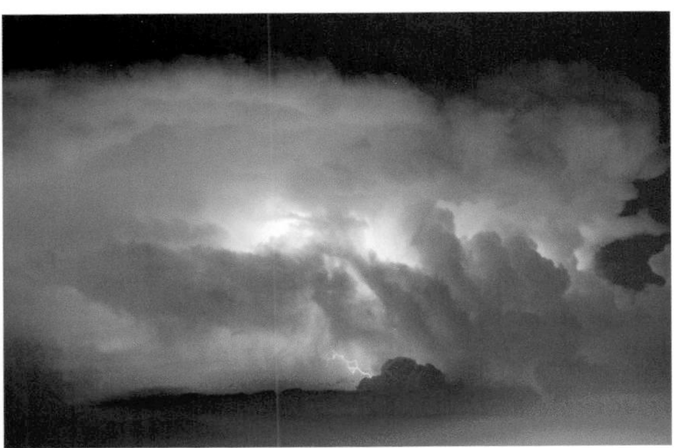

為甚麼先看到閃電，才聽到雷聲？
（答案在本章最後一頁）

壯觀的彩雲

奇力山彩雲

色彩多變

彩雲(Iridescent Clouds)

陽光加上雲層，在不同環景和角度下，會創造出不同的光學現象，彩雲多見於太陽周邊輕薄的雲層，通常為一種莢狀雲，內含水點或冰晶，陽光透過衍射現象，產生不同顏色的光彩，常見是桃紅色和青綠色，離太陽愈遠的部份愈淡，愈近愈濃，因雲是不規則形狀，彩雲分佈也是不規則。在天氣晴朗的日子比較易看見，通常它只是日華現象的一小部分，因為呈現整個日華的條件是較大範圍薄雲。另外，比較難見的是珠母雲形成的彩雲，外國例子較多。

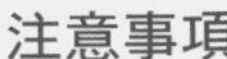

注意事項

不要長時間觀看太陽中心，應戴黑眼鏡及用手指遮著太陽中央。

為甚麼戴墨鏡較易看到彩雲？
（答案在本章最後一頁）

拍攝要點

對焦在彩雲上，避免直視太陽中心，減EV可令彩雲比較明顯。

白沙灣彩雲

利用物件擋太陽中心

正午日暈

日暈（Halo）

日暈是另一種光學現象，多數是萬尺高空卷雲內的冰晶折射或反射了陽光，呈現一個彩色的光環圍著太陽，日暈可分常見而明亮的小暈（22度暈）及難見暗淡的大暈（46度暈）。戴上太陽眼鏡比較容易看到，但不要直望太陽。此外，如果太陽左右兩邊出現彩色光斑，那就是幻日（Sundog）。同一道理，月亮也會出現月暈和幻月的，而且較柔和。

太陽左邊幻日

注意事項

不要長時間觀看太陽中心，應戴黑眼鏡及用手指遮著太陽中央。

拍攝要點

對焦在太陽附近的雲或陰影，減EV可令日暈比較明顯，反之過曝就什麼都看不見。

難得一見環天頂弧

考考你6

為甚麼有時只看到不是整個圓形的日暈？
（答案在本章最後一頁）

高空充滿冰晶

大機與小機

芬蘭雪地月暈

吊車彩虹

城市雙彩虹

雷達站彩虹

三門仔彩虹

彩虹（Rainbow）

彩虹出現是因為陽光經過大氣的水滴折射和反射而成，把陽光分散成約七種顏色，觀察者需背著低角度的太陽，面前空中充滿小水點，便可能看到彩虹。而雙彩虹也是特別現象，除本身的彩虹，外圈的霓虹是光線在水滴內折射和反射了兩次，所以顏色的次序剛好相反。曾經有人在沙田拍得罕見的三條彩虹，原來額外的彩虹是因海面反射了陽光，在本來的彩虹側，造成圓心稍為上移的第三度彩虹，理論上，可在第三度彩虹的外圈側出現第四度彩虹。此外，亦有人使用航拍機拍得360度的全圓彩虹。

注意事項

彩虹出現之時，天氣一般不太穩定，建議不要走到深山，應在安全地方範圍內活動。

拍攝要點

以較小光圈以保持清晰圖像，留意彩虹強弱會因太陽光線猛烈程度而有所分別，所以可多拍幾張比較一下。

如果以人造方式，例如在空中噴水，可以看到彩虹嗎？
（答案在本章最後一頁）

鬧市上空烈火熊熊

火燒雲 (Burning Sky)

日出前或日落後的時份，天際雲層被餘輝映照得一片通紅，有如熊熊大火燒著一樣，這現象被坊間或漁民稱為火燒雲。太陽光由紅、橙、黃、綠、藍、靛和紫混合而成，當中紅光穿透力最強，橙光次之，紫光最弱。日出和日落時，太陽接近地平線，陽光需要穿過較厚的大氣層才可傳送到大地，其他顏色的光波穿透力弱，所以被消散了，只能看到穿透力最強的紅光和橙光。

注意事項

火燒雲多出現在炎熱晴朗的日子，戶外活動時要做足防曬措施。

拍攝要點

小光圈取得較清晰的成像，用漸變灰濾鏡以平衡天與地的光差。

柏架山高積雲燒著了

泥涌火燒雲和曙暮暉

紅花嶺火紅天

考考你 8

如果太陽落下地平線，天空依然光亮一段頗長時間，那種叫甚麼光？
（答案在右方）

考考你答案

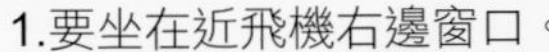

1.要坐在近飛機右邊窗口。
2.是有可能，只要紅潮的成份包含了夜光的藻類。
3.太陽反方向稱為反曙暮暉。
4.因為閃電的光速，比雷聲的音速快太多太多。
5.因為彩雲出現位置接近太陽，光線猛烈，令色彩太亮而不明顯，部份墨鏡有偏光功能（Polarized Lenses），除去雜光，影像更清晰。
6.因為天空沒有足夠卷雲蓋住整個範圍，沒有媒體，太陽折射不了。
7.可以，人造方式可以製造彩虹，只要條件符合。
8.曙暮暉。

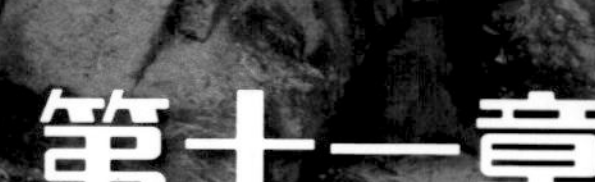

4條美麗的瀑布

溪流源自於高山，山越高，水越盛，曲折盤纏於山谷之間，遇上起伏懸崖又變成直瀉飛瀑，帶出不同凡響的磅礡氣勢。香港山峰奇多，瀑布自然也不會少，而且在交通便利的位置也有很多。

賞瀑安全事項：

首要了解路況和天氣情況，下雨時不應前往，雨後轉晴也不可走近，因為泥土可能已蘊藏大量水份，隨時洪水暴漲，也不可以跳入潭水，因為潭底鋪滿亂石，容易發生危險。

4個綠草如茵的地方

郊外地方多是草木叢生，不是樹高蓋天，便是草高及腰，想找一個平坦的草地也不容易，然而我們平日郊遊，總會發現一些小草原，適合野餐或躺睡，感受泥土和小草的氣息。

瀑布灣全景

華富甘瀑 瀑布灣

華富邨是擁有廣闊海景的屋苑，附近建築既密且高，鬧市中原來隱藏了一度澎湃高瀑，龐大水量由背後群山直奔海邊，洶湧程度可想而知。

交通：城巴 70 或 72 號
難度：★
景觀：★★★
電子地圖：https://ridewithgps.com/routes/22371584

依山又傍海

瀑布灣公園依傍海灣而興建，未到達已聽到隆隆水聲，沿樓梯下走到石灘，水花四濺充滿濕氣，眼見瀑布高近50尺，從崖上樹林蜂擁而出，流到瀑底深潭後奔向海灘，看過雨後主瀑一分為三，從石縫中滾滾下流，景像勢不可當。旁邊那殘破石屋是居民徘徊看日落的地方，前方低地在潮退時變為一面天鏡。

小心行事

瀑布灣朝向一望無涯的大海，視野之廣闊成昔日的軍事瞭望台，這裡與南丫島非常接近，乘船不用半小時。瀑布雖美，但有一點還是要緊慎提防，千萬不可走到瀑頂，因為那裡曾發生幾次意外，大雨時也不要走近瀑底，免生危險。

高空看飛流

華富村很接近

慢快門攝雲

學多一點

鰲洋甘瀑

有歷史研究者說瀑布灣清朝曾被稱作鰲洋甘瀑，但由於資料欠全面，所以並不百份百確切。

青草地坪

附近貝沙灣有海濱草地，可以進行休閒活動。

海鮮大餐

香港仔深灣有海鮮舫，是馳名中外海鮮酒家。

50尺美瀑

蝴蝶近水棲身

古老泳場

小夏威夷瀑

不講也未必知道，原來將軍澳上村後山，幾十年前有個風景優美的小夏威夷游泳場，現在成了輕鬆短遊的小徑。

交通：寶琳站或綠色小巴 17A 號
難度：★★
景觀：★★★
電子地圖：https://ridewithgps.com/routes/22371814

漁村話當年

看過舊照片和書本，將軍澳從前本是樸素鄉村，到處都是旖旎風光的海岸，舊日的木屋建在山坡上，每天出門就看見如畫的景色，後來為建屋把山頭削去大截，將軍澳從漁村發展為住宅林立的新市鎮只用了30年，可謂滄海桑田，變化巨大，政府更打算繼續發展，把人口推高至50多萬。

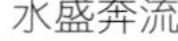

水盛奔流

遙望山下城市

水流青苔石壁

清幽美瀑在路旁

可能以前生活質素普遍不高，公共休閒娛樂設施欠奉，有人在山澗築起堤壩，使溪澗匯聚成池，以水力作工廠生產。後來井欄樹村民開發游泳場，亦供應飲品食物，由於位置和水質優良，不久便吸引更多遊人，甚至有學校和團體到此旅行。現時從清水灣道仍有古道可通往寶林，名為小夏威夷徑，在旁的將軍澳石澗寬闊水清，又有幾道青苔滿佈的飛流，樹隙透射陽光，印下一明一暗的光影，更見清麗脱俗。

腳架是必需品

學多一點

森林小徑

小夏威徑長2.8公里，全程為樹林山徑，路況良好，由將軍澳上村通到井欄樹。

樹林幽徑

打醮

井欄樹村是300多年的客家村，每隔30年就舉行一次安龍大典，祈求風調雨順及人丁興旺等。

獅子會

寶琳南路的將軍澳青年營設施齊全，有游泳池、羽毛球和燒烤場等。

金光染清流

深藏不露
龍珠瀑

有九大石澗美名之一的橫涌石澗深入幽谷，兩旁樹林遮蔽全貌，平常不易察覺，內裡卻有一道飛瀉如天上銀河的龍珠瀑。

遊玩資訊

交通：九巴 275R 號或綠色小巴 20R 號
難度：★★★
景觀：★★★★
電子地圖：https://ridewithgps.com/routes/22372234

白練飛瀑

橫涌石澗比其他便利瀑布，難度相對較高，並不適合兒童或全無經驗者前往。水澗的初段平坦開揚，中途有一些秀雅小瀑和清潭，澗道開始收窄，人像走在隱世峽谷，叫兩聲會傳來回音，續走漸漸聽到響音，抬頭便見筆直的石崖上白練傾瀉，如龍飛舞的龍珠瀑水勢凌人，瀑下深潭被激起無數氣泡，衝力大得驚人。看夠美瀑後，有經驗者可再向前走，接山徑回到新娘潭路，沒信心可沿來路離開。

攝影貼士

日間拍攝瀑布需使用ND減光鏡，使快門變慢，方能得出如絲柔滑的流水，另外CPL偏光鏡則有另一好處，就是隔除葉面和水面的雜光，也使水池透徹見底，如流動較快的高瀑，曝光2至5秒已經足夠，反之慢的溪流，快門需要5至10秒。

學多一點

石澗名字

橫涌石澗源自八仙嶺旁的黃嶺，經過橫山腳廢村流入涌尾的船灣淡水湖，大多數石澗都以兩地各取一字命名，例如大城石澗，就是「大」帽山流入「城」門水塘。

開揚澗道

專注的攝影師

進入溪流

三角型小瀑

燒烤場

新娘潭路的涌尾大型燒烤場就在路邊，假日人多也能容納。

典雅之美新娘潭

要數簡單易行的森林小徑，既要環境清幽，又要附近設施齊全，非適合一家大小的新娘潭自然教育徑莫屬。

遊玩資訊

交通：九巴 275R 號或綠色小巴 20R 號
難度：★★
景觀：★★★★
電子地圖：https://ridewithgps.com/routes/22372669

照鏡潭高瀑

天然冷宮

由新娘潭路轉入牌坊入口，走過木橋後發覺有潺潺水聲，原來橋下就是新娘潭瀑頂，留心前方右邊有隱藏路口直達瀑前空地，雖然通道有點濕滑，但石台寬大而平穩，小心走過便到達一個清澈見底的大池，背後便是新娘潭瀑布的真身，就似一條散開的裙子，水流急奔成雪白水花，空中瀰漫水氣，洗滌兩旁的生長濃密的葉子，使環境份外清新和涼快。

最壯觀瀑布

郊遊徑鑽到盡頭是另一道風格不同的飛瀑，走近前必需要有弄濕的準備，皆因照鏡潭岩壁過百尺，氣勢和形態離人心神，震耳欲聾的水聲響徹深谷，水花如噴泉拍打臉上，瀑下石頭被高壓水力沖刷得乾

安身之所

另一入口

彷如白裙的新娘潭瀑

乾淨淨，難怪有人說照鏡潭是本地最壯觀瀑布。離開瀑布續走郊遊徑，會經過幾條緩緩水澗，到達大樹下的野餐點和燒烤場，在美麗的大自然最適合一家享受美食。

小橋流水

學多一點

古老石橋

新娘潭石橋有百年歷史，是從前烏蛟騰村民通往涌尾的當然捷徑。

清涼的溪水

教育徑

路上有鐵牌簡介瀑布、地質和植物的資料，輕鬆散步兼學習知識。

紅豆娘

新娘潭水源充沛，潮濕而多植物，所以是蜻蜓和蝴蝶等昆蟲繁殖地。

到處都是車輪梅

天涯海角處分流

大嶼山環境清新脫俗，少有城市污染，山特別青，海也特別藍，尤其在嶼西地域，由於極為偏僻，所以更是人煙稀少，保留著最原始大自然面貌。

交通：新大嶼山巴士 11 號或 23 號
難度：★★★★
景觀：★★★★
電子地圖：https://ridewithgps.com/routes/22572360

石壁走天涯

石壁水塘是長途鳳凰徑第8段的入口，引水道闊大好走，經過大浪灣村和營地後，接第7段可轉小路往嶼南界碑和觀景台，整段路沿海而立，景觀無邊無際。如在初春，車輪梅滿山盛放，為長程之旅加上點綴。只要走過狗嶺涌和東灣便會到達分流炮台。

古代砲台　青青草坪

早已列為受保護的古蹟炮台像個圍城，面積比起籃球場更大，有麻石堆砌的城牆和拱門，更有樓梯

通往上層，中間是個綠油油的大草地，有人喜歡席地野餐或晚上看星，整個石城座落在樹叢中，四野無人，只有遠山和海洋，人像置身年代長久遠的古時。前行者需特別留意，由石壁到撤出點大澳，接近20公里，必需預備充足糧水和時間。

炮台大草地

學多一點

界碑
嶼南界碑是一座錐形的石躉，分柱身和基座兩部份，早建於1902年，和大澳的嶼北界碑作用相同，都是殖民地年代用來劃分租界。

狗嶺涌
這是個相當僻靜的地方，有官方營地和美麗沙灘，如你喜歡露營看星，又怕人多嘈吵，狗嶺涌是不二之選。

奇特尖石

車輪梅
車輪梅雖然常見，但不如九嶺涌一帶般密集，喜歡陽光和潮濕，五角星小花聚攏在枝頭，遠看像山指甲。

分流東灣

草地和遠山

最寬廣草原十塱

你可能以為十塱位置在北區或元朗，因平日較少聽到這個名字，其實它隱藏在大嶼山芝麻灣北面，內有平緩寬廣的大草地。

交通：新大嶼山巴士 3M 號
難度：★★
景觀：★★★
電子地圖：https://ridewithgps.com/routes/22572373

荒田成草地

隱蔽荒田　最大草地

芝麻灣道與鳳凰徑12段重疊，中途可見鹹淡水交界濕地，也是紅樹林生長的地方，前面有貝澳天后廟，對開見貝澳灣的灣頭，地勢平坦而寧靜，少有露營區的噪音。前行到了十塱舊村，眼見約有廿多間村屋，正對著一大片令人身心舒暢的草被。

牛群愛吃草

貝澳灣尾

萬籟俱寂　喜見牛群

草地佔土地極寬，最少有五個足球場的範圍，中間有些零星小樹，也有田基和小溪，證明這是昔日的田原，現已遭棄耕，聽説從前是片遼闊的水稻田，所以有些退休的牛群聚居，安享每天吃草和享受陽光的日子，牛生性温馴，動作緩慢，只要不作騷擾，牠們也不會理會你，人可安心享用這片青草樂園吧。

不趕生活的水牛

學多一點

水牛與黃牛

大嶼山有很多的牛群，因著耕地變少，牠們也不用工作了，常見的牛有灰黑色及長角的水牛，而啡黃色角短的就是黃牛。

草地水溪

郊遊徑與營地

十塱附近有芝麻灣郊遊徑和營地，約45分鐘便走到幽深的十塱灌溉水塘。

航班

不想步行的可以乘船來往梅窩、長洲、坪洲和芝麻灣。

尖削的太墩副峰

群峰環抱

雷打石

雷打石是麥理浩徑第 3 段經過的地方，很多人喜歡窺看山水的兩塊大石，而位於東南面的草坡平台，則較少人到過。

遊玩資訊

交通：的士或自駕到坪墩
難度：★★★
景觀：★★★★
電子地圖：https://ridewithgps.com/routes/22572406

山頂測量柱

背靠群山　面臨大海

想最短途徑到達雷打石就是仁義路盡頭的坪墩，穿過初段密林後，路況漸漸開揚，只要花30分鐘便來到山中高地，一片廣大的緩坡，沒有高樹，只有短草，完全是個奇特的地勢，三面高山環峙，亦可看到西貢海景，除馬鞍山昂平外，是香港少有的綠野高原。

空中大草原

壯觀梯田遺蹟

上山途中不難發現山坡有一列列的梯田痕跡，脈絡環繞半個山頭，每級十分狹窄，水源亦不多，不似是種植水稻，難道像大帽山一樣栽種茶葉？有力氣石登上山頂標柱，馬鞍山景色更為遠揚，不遠處有兩顆大石，人説是雷打石山名的由來。

梯田清楚可見

學多一點

民間智慧

種植農作物當然在平地上好辦事，但有些植物比較適合高地，例如茶葉，山坡地少，所以農民把它削成梯級，增加種植面積，又可防止水土流失，很合栽種水稻。

太墩副峰

太墩是一處絕美的山頭，可以俯視斬竹灣海岸，而副峰外形卻相當特別，尖削山頂被稱為毒蛇頂。

西望海景

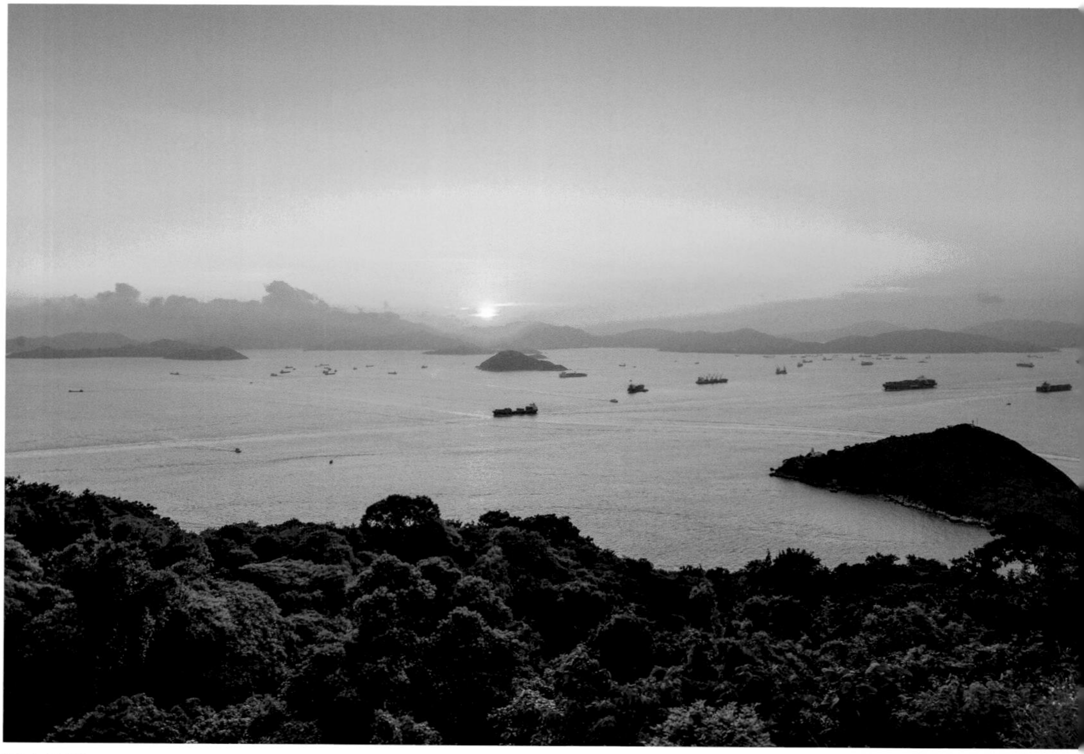

醉人日落

軍事迷天堂**摩星嶺**

以第二任港督戴維斯命名的摩星嶺是英殖時代的軍事堡壘，擔起保衛香港西部水域的重任，今日仍然可以找到炮台和兵房。

營舍草坡

交通：城巴 1 號或 47P 號
難度：★★
景觀：★★★
電子地圖：https://ridewithgps.com/routes/22572455

軍事集中地

沿摩星嶺徑上山，台灣相思樹林蔭豐茂，途中可見一些軍用建築，亦有不少晨運小徑和設施，獅子亭旁邊殘存著一個大型炮台，有路牌解說來歷，續走到山頂青年旅舍，又有兩個大型的海岸炮台，是二級歷史建築。軍事迷最愛走到叢林內的廢棄軍營探索，建築群包括指揮官房間、士兵營舍、瞭望台和掩閉體等，更有四通八達的走廊。

古舊炮台

山頂草地 婚攝場景

軍營邊有一片大草地，有好些樹蔭可歇息，這裡似乎是昔日英國軍人使用的操場，周圍青蔥翠綠，斜陽下更顯迷人，事實上有很多攝影師在這裡取景，尤其是婚禮和動漫攝影，除了草地，炮台和碉堡也是構圖的重點。

叢林兵房

學多一點

炮台歷史

摩星嶺要塞在1941年的香港保衛戰擔當重要角色，連同五個大口徑炮台和營房設施，負責鎮守西面水道，可惜當年被日軍打敗，被迫棄守。

草地綠油油

日落咖啡館

摩星嶺青年旅舍能以日營身份入內參觀，簡潔的營舍有小賣部供應輕食和咖啡，外面有露天觀景台，可以一面享用咖啡，一面欣賞風景。

作者

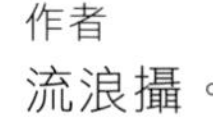
流浪攝。

編輯

林榮生

美術設計

陳玉菁

出版者

萬里機構・萬里書店

香港鰂魚涌英皇道 1065 號東達中心 1305 室

電話：2564 7511　　傳真：2565 5539

網址：http://www.wanlibk.com

發行

香港聯合書刊物流有限公司

香港新界大埔汀麗路 36 號中華商務印刷大廈 3 字樓

電話：2150 2100　　傳真：2407 3062

電郵：info@suplogistics.com.hk

承印

美雅印刷製本有限公司

出版日期

二零一七年七月第一次印刷

ISBN 978-962-14-6431-6

Published in Hong Kong